재치있는 말 한마디가
인생을 바꾼다

재치 있는 말 한마디가 인생을 바꾼다

이정환 지음

100쇄
기념
에디션

S A 시아

재치와 유머로
상대를 사로잡아라!

우리는 살아가면서 수많은 사람들을 만나게 되고, 그들과의 관계 속에서 자신의 존재를 확립해 나간다. 태어나면서부터 가족과 혈연으로 맺어지고, 자라면서는 친구들과 어울리게 되며, 성인이 되어서는 한 사회의 온전한 구성원으로서 자리매김하게 된다.

이처럼 우리의 삶은 갖가지 인간관계의 연속이라고 해도 과언이 아닐 정도로 우리는 수많은 관계 속에서 살고 있다.

그렇다면 사람과 사람은 맨 처음에 어떻게 관계를 맺게 될까?

그것은 바로 말에 의해서이다. 더 정확히 말하자면, 대화에 의해서라고 할 수 있다. 어린아이 때는 몸짓과 소리만으로 의사표시를 하다가, 말을 배우고 글을 익히게 되면서 좀 더 정확하고 분명하게 자신의 의중을 다른 사람에게 전달할 수 있게 된다. 말을 통해 다른 사람과 관계를 맺고, 나아가 한 사회의 일원이 되는 것이다. 이렇게 말은 우리의 생활에서 중요한 역할을 하고 있다.

말을 통해 관계를 맺는다는 것은, 말을 어떻게 하느냐에 따라 사람들과의 관계가 달라질 수 있다는 것을 의미한다. 말에 의해 대인관계와 사회생활의 폭과 질이 결정되는 것이다.

대인관계가 원만하다거나 인생에서 성공했다는 평을 듣는 사람들을 보면 한 가지 공통점을 발견할 수 있는데, 그것은 바로 '말을 잘한다'는 것이다. 그렇다고 해서 그들이 사기꾼이나 모리배처럼 거짓말과 임기응변에 능하다는 뜻이 아니다. 말을 하되 적당한 때에 필요한 말을 하는 것이다.

말이 가진 위력은 실로 엄청나다. 말 한마디로 자신이 처한 상황을 유리하게도 혹은 불리하게도 만들 수 있으며, 한마디 말로 인해 인생 자체가 바뀔 수도 있다.

그러나 단순히 기술적으로 말만 잘한다고 해서 인간관계에서 성공하는 것은 아니다. 성공한 사람들의 얘기를 조금만 귀 기울여 들어보면, 그들 모두가 뛰어난 화술의 소유자일 뿐만 아니라 그들이 하는 말 속에 어떤 상황에서도 순발력 있게 받아넘기는 재치와 유머가 가득하다는 것을 쉽게 알 수 있다. 같은 내용의 말을 해도 그들이 들려주는 얘기에는 사람들을 잡아끄는 힘이 있으며, 그 힘은 바로 그들의 재치 있는 태도에서 나온다. 즉, 말을 잘한다는 것은 말을 재미있고 재치 있게 한다는 뜻이 된다.

아무리 언변이 좋은 사람이라고 해도 한순간에 사람의 마음을 열어주는 웃음의 마력을 알지 못한다면, 그 사람의 말은 그저 공허한 울림이나 딱딱한 경구에 지나지 않을 것이다.

유머는 기본적으로 사람들의 웃음을 자아낸다. 긴장되고 딱딱한 분위기의 자리에서도 함께 허심탄회하게 웃을 수만 있다면, 사람들은 긴장을 풀고 여유를 가질 수 있다. 그리고 그런 편안한 상태에서 대화할 때 사람들은 서로 친밀감을 느끼게 되며, 서로에게 마음의 문을 열게 된다.

이렇듯 유머는 사람들과의 관계를 돈독하게 해줄 뿐 아니라, 말하는 사람이나 듣는 사람에게 긍정적인 사고를 심어준다. 그 어떤 위기의 순간에서도 삶을 긍정적으로 바라볼 수 있다면, 난관을 극복할 수 있는 여유와 의지는 저절로 생겨난다. 성공한 사람들이 열악한 상황에 처해서도 자신감을 가지고 어려운 현실을 극복할 수 있었던 것도 긍정적인 사고를 잃지 않았기 때문이다.

결론적으로, 유머는 힘들고 어려운 상황을 극복할 수 있는 원동력이며, 성공하고자 하는 사람들의 필수 조건이다.

이 책은 재미있고 재치 있게 말하는 기본적인 대화 기술과 그것을 실질적으로 활용한 예화를 중심으로 구성했다. 그래서 평소 자신이 유머 감각이 부족하다고 생각하는 사람들도 이 책을 통해 유머 감각을 키울 수 있을 것이다.

재미있고 재치 있는 말로 사람들을 편안하게 해주고, 그것으로 인해 많은 사람들과 좋은 관계를 유지한다면 그것이 바로 성공한 인생이다.

이정환

차 례

PART 2 상대의 마음을 사로잡는 유쾌한 대화법

PART 3 유머 감각을 키우는 15가지 방법

PART 1
성공을 부르는 유머 스피치

유머는 죽어가는 목숨도
구할 수 있다

한마디 말은 때에 따라 사람을 해칠 수 있는 독이 되기도 하고, 생명을 구할 수 있는 명약이 되기도 한다. 벗어나기 어려운 상황에서도 재치 있는 말 한마디로 일촉즉발의 위기를 모면할 수 있는 것이다.

루이 11세는 온갖 불길한 예언으로 순박한 농민들을 현혹시키는 예언자들을 모두 잡아들여, 갖가지 죄를 물어 그들을 처형했다.

그러던 어느 날 나라에서 가장 유명한 예언가를 잡아들였고, 루이 11세는 그에게 물었다.

"네가 그토록 정확하게 예언을 한다고 하니, 한 가지만 묻겠다. 너는 네가 얼마나 살 수 있는지 알고 있느냐?"

"예, 폐하. 비록 예언자라 해도 자신의 신수를 다 알 수는 없사옵니다. 다만, 제가 알고 있는 것은 제가 폐하보다 3일 먼저 죽는다는 것이옵니다."

아무리 무서울 것이 없는 루이 11세라도 예언가의 말을 무조건 무시할 수는 없었다.

옛날에 왕을 위해 열심히 일을 한 광대가 있었다.

그런데 어느 날 그 광대는 돌이킬 수 없는 실수를 저질러 왕의 노여움을 샀기 때문에 사형에 처해지게 되었다.

왕은 그동안 광대가 자신을 위해 노력한 것을 감안하여, 마지막으로 자비를 베풀기로 했다.

"너는 큰 실수를 저질러 사형을 면할 수 없느니라. 그러나 네가 오랫동안 나를 즐겁게 해준 것을 참작하여, 네가 원하는 방법으로 사형에 처하기로 했느니라. 네가 선택을 하여라. 어떤 방법으로 죽기를 바라느냐?"

한동안 말을 잇지 못하던 광대가 이윽고 입을 열었다.

"자비로우신 왕이시여, 제가 죽고 싶은 방법이 꼭 하나 있기는 합니다."

"그래, 그것이 무엇이냐?"

"왕이시여, 저는 늙어 죽고 싶사옵니다."

사형 방법을 선택하라고 한 왕은 자신이 한 약속을 지키지 않을 수 없기 때문에 광대의 말을 들어줄 수밖에 없다. 이처럼 뛰어난 유머 감각은 자신의 생명까지도 연장해 준다.

사람들을 절망에서 희망으로 끌어올리고, 비관적인 마음을 긍정적인 마음으로 바꿀 수 있는 것이 바로 유머의 힘이다.

오래된 갈등은 웃음으로 풀어라!

다양한 사람들이 어울려 살아가는 세상에서, 사람들 사이에 갈등이 생기는 것은 어쩌면 당연한 일이다. 저마다 성격이 다르고 생각하는 것이 다르기 때문이다.

자재부 김 부장에게도 고민이 있다. 같은 부서에 있는 최 과장과 이 과장이 항상 의견 충돌을 하면서 서로 미묘한 신경전을 벌이고 있어 중간에서 여간 불편하지가 않다. 윗사람으로서 상호 발전적인 경쟁은 보기에도 흐뭇하지만, 그들의 관계는 다소 감정적인 면에 치우쳐 있기 때문이다.

조선조 세조 때의 일이다.

세조는 어느 날 구치관이라는 사람을 새로운 정승으로 임명하였다. 그런데 구치관은 전임자였던 신숙주와의 관계가 좋지 않았다.

　그것을 눈치 챈 세조는 전임자와 후임자 사이의 갈등을 풀기 위해 고민을 하던 중, 어느 날 그들을 어전으로 불렀다.

　그리고 임금의 물음에 틀린 대답을 한 사람에게 벌주를 내리겠다고 말했다.

　세조는 우선 "신 정승!" 하고 불렀다.

　신숙주가 대답했다.

　"예, 전하."

　"내가 언제 신申 정승을 불렀소? 신新 정승을 불렀지. 자, 벌주를 드시오."

　신숙주는 벌주를 한잔 쭉 들이켰다.

　이번에는 세조가 "구 정승" 하고 불렀다.

　구치관이 대답했다.

　"예, 전하."

　"허허, 난 구具 정승을 부른 게 아니오. 구舊 정승을 부른 게지. 자, 벌주를 드시오."

　이렇게 해서 구치관도 벌주를 마셨다.

　세조는 다시 "신 정승!" 하고 불렀다.

　이번에는 구치관이 대답했다.

　"예, 전하."

"허허, 또 틀렸군요. 이번에는 신新 정승이 아니라 신申 정
승을 부른 것이오. 또 벌주를 드셔야겠소."

세조는 이런 식으로 두 정승에게 계속해서 벌주를 주었다.
결국, 두 사람은 잔뜩 취하여 서로의 속마음을 털어놓게 되었다
고 한다.

한 나라의 임금으로서 무엇 하나 아쉬울 것 없는 세조가 아
랫사람들의 갈등을 풀어주기 위해 묘책을 생각해 낸 것이다. 마
침내 세조의 의도대로 두 정승은 서로 간의 응어리를 풀고 돈독
한 관계를 맺게 되었다.

어느 조직에서든 서로 갈등을 겪는 사람은 있게 마련이다.

사람들이 갈등을 겪는 가장 큰 이유는 대화가 부족하기 때문이다. 이들에게는 서로의 마음을 털어놓을 수 있는 기회를 자연스럽게 만들어 주는 것만으로도 갈등을 해소하는 데 큰 도움이 된다.

자재부의 김 부장도 과장들에게 많은 대화를 할 수 있는 기회를 마련해 주어야 한다. 그것이 사적인 자리든 공적인 자리든 김 부장이 자연스럽게 만들어 줄 때, 그들의 갈등은 쉽게 풀릴 수 있다.

물론 막연히 자리만 만든다고 모든 일이 해결되는 것은 아니다.

그들이 자연스럽게 대화를 나눌 수 있도록 유도해야 한다. 유도하는 방법이 유머러스하고 재미있을수록 대화는 어렵지 않게 풀려나갈 수 있다.

갈등은 분명 사람들 사이를 불편하게 하지만, 일단 풀리고 나면 관계를 더욱 돈독하게 다지는 힘이 있다.

갈등에 쌓인 사람들의 서먹한 대화를 재치 있는 말로 부드럽게 풀어줄 수 있는 사람이라면 리더로서 충분한 자격이 있다.

자세를 조금만 낮추면
세상이 편해진다

살다 보면 자신의 주변에 많은 사람들을 머물게 하는 것이 얼마나 유익한 일인지 느낄 때가 많다. 특히 사회생활에서 사람들과의 유대관계는 매우 중요하다.

소위 인맥이라고 하는 것은 자신보다 지위가 높은 사람을 사귀는 것만을 뜻하지는 않는다. 자신이 어려운 일을 당했을 때 기꺼이 도와줄 수 있는 사람을 많이 만들어 두는 것이 바로 진정한 의미의 인맥이다.

사람들이 자신을 좋아하게 만드는 방법에는 여러 가지가 있는데, 그중에서 상대를 높여주는 것도 괜찮은 방법이다.

누군가 당신을 하늘 높은 줄 모르고 비행기를 태웠을 때 어떤 기분이 들었는가? 그것이 어떤 의도이든 잠시나마 우쭐한 기분이 드는 것은 당연하다. 잠시 우쭐한 마음에 상대방의 모든 것을 포용할 수 있는 듯한 기분마저 들고, 이런 감정이 더 발전해서 원만한 유대관계가 성립되기도 한다.

상대가 이런 우월감을 느낄 수 있도록 해주면 그 사람은 자연스럽게 당신의 주변에 머물게 된다.

그것은 어려운 일이 아니다. 자신을 조금만 낮추면 충분히 할 수 있다.

상대방에게 재미있는 유머를 들려준 뒤, 그 사람이 곧바로 이해하면 이렇게 말한다.

"역시 자네는 이해가 빠르군. 다른 사람들은 내 유머를 제대로 이해하지 못하더라고. 사실 나도 처음엔 몰랐어."

사람은 상대가 자신의 지적 능력을 높이 평가해 주면 다른 어떤 말보다 쉽게 우월감을 갖게 된다.

잘난 척하는 사람보다는 자기보다 못하고 편한 사람과 친해지고 싶은 것이 현대인의 심리다. 세상에 나가면 자신보다 잘난 사람들이 너무 많아 피곤하기 때문이다.

노자는 제자들에게 늘 이런 말을 했다.

"연약한 것은 강한 것보다 낫고, 어리석은 듯 슬기로운 것이 지나치게 똑똑한 것보다 낫다."

이 말을 의아하게 생각한 제자가 물었다.

"저는 스승님의 말씀을 좀처럼 이해할 수 없습니다. 연약한 것보다는 강한 것이 더 낫다고 생각하는 것이 인지상정 아닙니까?"

노자가 대답했다.

"강한 것은 부러지기 쉽지만 연약한 것은 부러지지 않는다. 거센 바람이 불면 큰 나무는 뿌리째 뽑히지만, 연약한 갈대는 휘어질 뿐 부러지지 않는 것을 보면 알 수 있지 않느냐?"

제자는 고개를 끄덕였다.

"과연 그렇군요. 그렇다면 어리석은 사람이 똑똑한 사람보다 낫다는 것은 어떤 뜻에서입니까?"

노자는 빙그레 웃으며 입을 열었다.

"곰곰이 생각해 보아라. 네가 좋아하는 사람 중에 너보다 똑똑한 사람이 많으냐, 아니면 어리석은 사람이 많으냐?"

"생각을 해보니 제가 좋아하는 사람 중에 저보다 똑똑한 사람은 없는 것 같군요."

"바로 그것이다. 똑똑한 사람은 남의 시기와 미움을 받기 쉽지만, 어리석은 듯 보이면서 슬기로운 사람은 남들이 모두 좋아하는 것 아니겠느냐?"

자신을 조금만 낮추면 살아가기 편하다. 노자의 말대로 어수룩한 듯 슬기로운 사람에게 사람들은 지친 마음을 털어놓고 싶어 한다.

　조금 낮춘다고 해서 한없이 낮아지는 것은 아니다. 그로 인해 주변에 많은 사람들이 머문다면, 그것만으로도 자신의 가치는 높아지는 것이다.

상대의 잘못은
스스로 깨닫게 만들어라!

최 대리는 점심식사 후 담배를 피우는 버릇이 있다. 그런데 문제는 담배를 흡연실에서 피우는 것이 아니라 언제나 사무실 안에서 피우는 것이다. 이 과장이 몇 번이나 주의를 주었지만 그 버릇은 쉽게 고쳐지지 않았다.

버릇이라는 것은 이미 몸에 밴 것이므로, 스스로 고치려는 마음을 가지지 않는 한 쉽게 고쳐지지 않는다.

『걸리버 여행기』를 쓴 영국의 작가 스위프트가 하인을 데리고 여행길에 올랐다. 그런데 하인이 얼마나 엉뚱하고 버릇이 없던지 스위프트는 힘든 여행길을 더 힘들게 보내야 했다.

호텔에서 묵은 다음날 아침 일찍 길을 떠나려고 하던 스위프트는 자신의 구두가 너저분한 채 놓여 있는 것을 발견했다.

화가 난 스위프트는 하인을 불러, 당장 구두를 닦으라고 호통을 쳤다.

그러자 하인이 씩 웃으며 말했다.

"주인님, 어차피 조금만 걸으면 곧 더러워질 텐데, 굳이 닦을 필요가 없지 않을까요?"

스위프트는 어이가 없었으나, 두말없이 하인에게 말을 준비하라고 했다. 그리고 하인이 마구간으로 간 사이에 호텔 지배인을 불러 뭔가를 부탁했다.

이윽고 하인이 돌아와 말했다.

"말은 준비가 다 되었습니다."

스위프트는 아무 말 없이 식당으로 내려갔다. 식당에는 아침식사 일인분만이 준비되어 있었고, 스위프트는 혼자 식사를 했다.

식사를 다 마친 스위프트는 하인에게 말했다.

"자, 이제 그만 떠나자."

그러자 하인은 놀라며 말했다.

"아니, 저는 아직 식사를 안 했는데요?"

스위프트가 씩 웃으며 말했다.

"그까짓 아침밥 같은 거 자네는 안 먹어도 되잖아? 어차피 조금 있으면 배가 고파질 텐데."

그 뒤에는 스위프트의 하인이 더 이상 게으름을 피우지 않았음은 말할 것도 없다.

최 대리 역시 스스로 담배를 흡연실에서 피우겠다는 생각이 들도록 주위에서 유도해야 한다. 최 대리에게 담배가 건강에 나쁘다거나, 사무실에서는 금연이라는 말을 해봐야 잔소리에 지나지 않는다.

그런 말들은 수도 없이 들어왔기 때문에 한쪽 귀로 흘려버리는 것이다.

차라리 그에게 담배를 한 갑 사주면서 이렇게 말해 보라.

"자! 자네, 이 담배 좋아하지? 선물이네."

최 대리는 뜻밖의 선물에 겸연쩍어하며 말할 것이다.

"예? 저에게 이런 걸 다……."

"단, 이 담배는 흡연실용이네. 명심하게."

최 대리는 담배를 빼앗아도 모자란 판국에 담배를 선물했다는 것에 내심 놀라지 않을 수 없었을 것이다. 비록 단서 조항이 붙어 있는 담배이기는 하지만, "담배를 피우지 말라."는 직선적인 말을 들을 때보다는 훨씬 거부감 없이 스스로 조심하려는 마음이 생길 것이다.

이제부터 최 대리는 사무실에서는 금연이라는 것을 잊고 있더라도, 담배를 보는 순간 그 사실을 상기하게 될 것이다.

강압적인 방법으로 사람들의 버릇을 고치려고 하면 그다지 효과를 보지 못한다. 스스로 깨닫게 하는 방법을 한번 생각해 보자.

허를 찌르는 비유는 공감을
얻어내는 데 가장 효과적이다

누군가를 공격하는 말은 대개 원색적인 것이 많기 때문에, 공격받는 사람 못지않게 공격하는 사람의 인격도 낮아지게 마련이다. 사람들에게 '심하다.'라는 인상을 주는 말은 어떤 정당한 이유가 있더라도 공감을 얻지 못한다.

"노동당의 진짜 창시자가 누구냐?"라며 노동당을 비난하는 의원들에게 윈스턴 처칠이 벌떡 일어나 당연하다는 듯이 한마디 했다.

"그건 콜럼버스지."

의원들은 모두 놀란 표정을 지으며 처칠을 쳐다보았다. 처칠은 그들을 바라보며 다음과 같은 설명을 덧붙였다.

"콜럼버스는 출발할 때 어디로 갈 것인지 알지 못했다네. 그리고 도착했을 때도 거기가 어디인지 몰랐지. 게다가 출발해서 돌아올 때까지의 비용을 전부 남의 돈으로 충당했잖아?"

윈스턴 처칠의 비유를 들은 의원들은 모두 감탄사를 연발했다. 노동당의 창시자가 누구든 간에 굳이 그 사람을 찾아내 비난하는 것보다 효과적인 처칠의 이 한마디에 노동당은 적잖은 타격을 받았던 것이다.

남을 공격할 때 재치 있는 비유를 이용한다면, 제삼자로부터 더 큰 공감을 얻어내면서 그 효과는 배가될 수 있다. 특히, 이와 같은 비유는 상대에게 일침을 가하고도 자신의 인격은 전혀 손상되지 않는다.

상대방을 비방하는 말은 특히 정치권에서 많은데, 가뜩이나 직선적인 우리나라 사람들은 정계에 입문하는 순간부터 상상하기 어려운 말들을 서슴없이 쏟아낸다. 하지만 그런 말을 듣는 국민들이 과연 그것을 올바른 비판이라고 여길지는 의문이다. 그보다는 오히려 상대를 헐뜯는 그들의 인격을 낮춰 보고 입방아에 올리는 일이 많다는 것을 정치인들은 명심해야 한다.

원색적인 비난을 들으면 대부분의 사람들은 비난받는 사람의 잘못을 생각하기보다는 비난하는 사람의 자질을 의심하게 된다. 윈스턴 처칠의 경우처럼 공격하는 말조차 유머러스하게 구사할 때, 비난의 강도가 더욱 강해지는 것이다.

직설적인 말보다는 사람들을 미소 짓게 하는 말이 더 큰 호응을 얻을 수 있다는 것을 염두에 둔다면, 타인에게 상처 주는 말을 해서 두고두고 후회하는 일을 줄일 수 있다.

유머 감각을 갖추고
서비스를 하라!

많은 사람들을 만나야 하는 직업을 가진 사람들은 상대방이 무심코 내뱉는 말에 적절한 대답을 찾느라 난처할 때가 많다. 이런 상황에서 자연스럽게 그 순간을 넘길 수 있는 비결은 없을까?

아래 이야기를 통해 그 실마리를 한번 찾아보자.

권투선수 무하마드 알리가 여객기를 탔다.

여객기가 이륙하려고 활주로를 향해 천천히 나아가자 한 승무원이 그에게 안전벨트를 매라고 주의를 주었다.

그러자 알리는 미소를 지으며 말했다.

"슈퍼맨에게 안전벨트가 무슨 필요가 있소?"

여승무원 또한 미소를 지으며 말했다.

"슈퍼맨에게 여객기가 무슨 소용이 있죠?"

덩치 큰 세계 헤비급 챔피언은 아무 말도 못하고 순순히 안전벨트를 맸다.

어떤 비행기 안에서 승무원이 손님들에게 음료수를 돌리고 있었다. 한 짓궂은 신사가 포도주를 달라고 말했다. 승무원이 포도주 한잔을 갖다 주자, 그는 이렇게 말했다.

"이거 혹시 독주는 아니겠지?"

승무원이 환한 미소를 지으며 대답했다.

"예, 독주가 맞습니다."

신사의 놀란 얼굴을 바라보며 승무원은 계속해서 말했다.

"저희 회사에서 특별히 준비한 사랑의 독주입니다."

신사는 그 승무원의 재치 있는 대답에 호탕하게 웃음을 터뜨렸다.

이론적인 말이나 융통성 없는 대답은 누구에게나 따분하고 지루하기 짝이 없다. 또한 농담을 농담으로 받아들이지 못하면 농담을 한 사람은 그만 무안해지고 만다.

안전벨트를 매기 싫어 이리저리 핑계를 대는 무하마드 알리에게 승무원은 단 한마디로써 안전벨트를 매게 했다. "기내에서는 안전벨트를 매야 합니다. 그것은 규칙이며……."라고 원칙을 앞세운 말보다는 알리를 상대한 승무원의 유머러스한 멘트는 훨씬 부드럽고 설득력이 있다.

또한, 농담을 건네는 신사에게 "아니, 독주라니요? 저희 기내에 독주가 반입될 리 없습니다. 그런 오해를……."이라고 정색하며 말하는 것보다는 농담을 다시 농담으로 부드럽게 받아주는 것이 보다 고차원적인 서비스다.

재치 있는 말 한마디는 난처한 순간을 모면할 수 있는 좋은 해결책이며, 고객과의 관계를 더욱 밀접하게 이어주는 연결 고리 역할을 한다.

상대를 고통에서 구하려면
엄청난 충격을 주어라!

독일의 재상이었던 비스마르크는 사냥을 매우 즐겼다고 한다.

어느 날 비스마르크는 친구와 함께 사냥을 나갔다가 그만 늪에 빠지고 말았다. 다행히 친구가 달려와 그는 간신히 살아날 수 있었다.

그러나 집으로 돌아오는 길에 이번에는 친구가 늪에 빠지고 말았다. 비스마르크가 달려갔을 때 이미 친구는 허리까지 빨려들어 가고 있었다. 친구는 울면서 애원했다.

"조금 전 내가 자네를 구해 주지 않았는가? 제발, 나 좀 건져 주게나."

하지만 비스마르크는 그러한 애원을 무시하고, 총을 들어 늪에 빠진 친구를 향해 겨누었다.

"여보게 친구, 미안하네. 자네를 구하려고 하다가는 나까지 죽을 것 같네. 그렇다고 자네가 고통스러워하는 모습을 보고 있으려니 너무 괴롭군. 매정하지만 이 총으로……. 미안하네. 나를 이해하게나."

그 말을 들은 친구는 당황하며, 온 힘을 다해 늪가로 몸을 옮겼다.

그러자 비스마르크는 재빨리 총대를 친구에게 내밀어 그를 건져 주었다. 그리고 이렇게 말했다.

"오해하지 말게. 조금 전의 내 총은 자네의 머리가 아니라, 자네의 분발력에 겨눈 것이라네."

비스마르크는 대담한 재치로 친구의 목숨을 살린 것이다. 어쩌면 둘 다 목숨을 잃을 수도 있는 상황에서 그는 친구가 진정으로 힘을 발휘할 수 있도록 하는 방법이 무엇인지를 잘 알고 있었다.

일상생활에서도 가끔은 평범한 말보다 이런 충격적인 말이 그 사람의 재능을 제대로 발휘하게 해준다. 물론 오해를 살 수도 있지만, 진정한 관계라면 그러한 오해는 오래가지 않는다.

사람은 가끔 최악의 상황에서 예전에는 미처 몰랐던 엄청난 힘을 발휘할 때가 있다. 인생의 밑바닥에 떨어졌을 때 발동한 오기가 성공의 길로 인도하기도 한다. 성공한 사람들 대부분이 삶의 어느 순간 가장 절망적인 경험을 했으나, 그것으로 인해 더 큰 힘을 얻을 수 있었다는 이야기에서도 이 사실은 충분히 증명된다.

사람은 스스로 해내야겠다는 마음이 있을 때 더욱 분발하게 된다. 그것을 잘 이용할 수 있다면 사람을 다루는 능력이 크게 향상될 것이다.

이름으로 나를
기억시키는 방법을 찾다

영업부의 이 대리는 사람들과의 관계가 중요하다는 것을 잘 알기 때문에, 만나는 사람들에게 좋은 이미지를 남기기 위해 최선을 다한다. 그 결과 그는 주위에서 호감 가는 사람이라는 평가를 듣고 있으며, 자신도 그 점을 매우 자랑스럽게 생각한다.

하지만 사람들에게 전화 연락을 할 때마다 늘 실망하게 된다. 분명 자신의 이름을 밝혔는데도 상대방은 "누구시지요?"라고 묻는 것이다. 처음 만났을 때의 상황을 열심히 설명하고 나면 상대는 그제야 그가 누구인지 알아챈다.

이 대리는 많은 사람들에게 좋은 이미지를 남기는 데는 성공했지만, 자신의 이름을 기억시키는 데는 실패한 것이다.

첫 만남에서 자신의 이미지만큼 중요한 것이 상대방에게 자신의 이름을 기억시키는 것이다. 일을 하다 보면 낯선 사람들과 자주 대면하기 때문에, 자기의 이름과 얼굴을 기억시키는 것이 쉽지는 않다. 하지만 일단 이름만 기억할 수 있도록 한다면 그 만남은 성공했다고 할 수 있다.

그렇다면 어떻게 해야 자신의 이름을 상대의 머릿속에 각인시킬 수 있을까? 재치 있는 유머로 자신의 이름을 기억시키는 방법을 한번 알아보자.

한 영업 사원이 새로운 거래처를 뚫기 위해 어떤 중소기업의 사장을 만나러 갔다. 사장을 보자마자 그는 미소를 지으며 씩씩하게 말했다.

"안녕하십니까?"

"실례지만, 누구시지요?"

"예, 저는 김철수 씨의 소개를 받고 온 사람입니다."

순간, 중소기업 사장은 김철수라는 사람이 누구였나 하고 머릿속으로 사람들의 얼굴과 이름을 되새겨 보았지만 생각이 나지 않았다.

"죄송합니다만, 제가 워낙 많은 사람들을 만나다 보니 사람들의 이름과 얼굴을 일일이 기억하지 못하겠군요. 김철수 씨가 누구신지요?"

영업 사원은 씩씩하게 대답했다.

"예! 바로 접니다."

"아니, 이 사람이……, 하하하."

영업 사원의 재치 있는 말 한마디에, 중소기업 사장은 그의 이름과 얼굴뿐 아니라 그를 자신감 넘치는 청년으로 오래도록 기억하게 되었다.

황당하게 여겨질 수도 있는 이야기지만, 실제로 이렇게 해서 첫 만남을 성공적으로 이끈 사람들이 많다.

첫 만남에서 상대가 좋은 이미지로 자신을 기억한다고 해도, 스쳐 지나가는 수많은 사람들의 이름을 일일이 기억할 수는 없다. 당시 상황을 장황하게 설명해 주면 그제야 "아, 그때 그 사람." 하고 기억할 수 있지만, 정작 이름은 떠오르지 않는 것이다. 인상이 좋은 사람이었다면 기껏해야 '괜찮은 사람' 정도로만 기억하는 것이 보통이다.

따라서 좋은 이미지도 중요하지만 그와 더불어 자신의 이름도 함께 기억시킬 수 있어야 한다. 상대방이 당신의 이름을 기억한다면 그만큼 마주할 수 있는 기회가 많아지지 않겠는가?

예컨대 신입 사원이 자기소개를 하는 자리에서 재치 있게 말해서 자신의 이름을 상사들에게 확실히 기억시킨다면, 그 상사는 신입 사원 중 누군가에게 일을 시켜야 할 때 당연히 이름을 알고 있는 그 사원을 일순위로 선택할 것이다.

그렇다면 본인의 이름을 상대방에게 확실하게 각인시킬 수 있는 방법에는 어떤 것들이 있을까?

사람들에게 자신의 이름을 기억시키는 가장 좋은 방법은 자연스럽게 본인의 이름을 한 번 더 되뇌도록 유도하는 것이다. 위의 영업 사원처럼 상대방이 자신의 이름을 한 번 더 생각할 수 있다면 자연스럽게 기억하게 된다.

가령, 자신의 이름을 가르쳐 주고 나서 이렇게 말해 보자.

"제 이름을 듣고 생각나는 것 없습니까?"

그 사람은 고개를 갸우뚱거리며 이름을 곱씹어 볼 것이다.

"글쎄요, 딱히 떠오르는 게 없는데요."라고 말한다 해도 상관없다.

"당연합니다. 특징이 없는 이름이니까요. 그래도 예전에 제가 좋아하는 탤런트 ○○○이 제 이름으로 연기를 펼치는 걸 보고 나서는 제 이름에 대한 자부심이 좀 생겼죠. 혹시 그 드라마 보신 적 있으신가요?"라고 하며 드라마 얘기를 잠깐 동안 곁들인다면, 분위기가 금세 부드러워지면서 상대방은 자연스럽게 당신의 이름을 두세 번 더 생각하게 될 것이다.

낯선 사람들 앞에서 자신의 이름을 재미있게 소개할 수 있는 방법으로는 여러 가지가 있다.

우선, 이름에서 연상할 수 있는 것을 찾아 그것과 연결시켜 말하는 것이다.

"제 이름은 김인식입니다. 이름 덕분에 사람들이 저를 확실하게 인식해 주지요."

"제 이름은 이진주입니다. 진주같이 하얀 얼굴이 제 트레이드마크죠."

이름이 독특하지 않아도 상관없다. 이름의 한자를 풀어서 설명하는 것도 좋고, 삼행시를 지어서 설명해도 좋다. 상대방이 긴장을 풀고 미소를 지을 수 있는 대화 소재를 꺼내 놓는다면,

분명히 그는 당신의 이름을 기억할 것이다.

이름에 얽힌 에피소드가 있다면 더욱 좋다.

"제 이름은 굉장히 흔해서 동명이인이 많죠. 하루는 친구를 만나려고 카페에 앉아 있는데, 카운터에서 큰 소리로 '김철수 씨! 카운터에 전화 와 있습니다.' 하더라구요. 친구가 늦는다고 전화를 했나 보다 하고 카운터로 나갔는데, 김철수라는 사람이 저 말고도 두 명이 더 나오더군요."

자신의 이름이 평범하다고 실망하지 말고, 이름에 어울리는 재미있는 에피소드를 만들어 보자.

상대방이 당신의 이름을 자주 말하게 된다면 당신의 존재는 이미 상대방의 마음속에 자리 잡고 있는 것이다.

첫 만남에서 당신의 이름을 상대의 머릿속에 각인시킬 수 있다면 사람들과의 관계를 더욱 탄탄하게 다져나갈 수 있다는 점을 기억하고, 당신의 이름에 특별한 의미를 부여하길 바란다.

재치 있는 말 한마디가
수백억의 투자를 이끌어 낸다

상대방의 말 한마디에 자신의 미래가 걸려 있는 상황이라면 누구나 긴장하지 않을 수 없다. 그 긴장된 상황에서 상대방의 마음을 움직이기 위해서는 말 한마디 한마디에 신중을 기해야 한다.

신중한 행동은 사람들로부터 신뢰를 얻을 수 있긴 하지만, 신중한 것이 지나쳐 경직된 분위기를 유발한다면 사람들은 그런 사람과 같이 있는 것 자체를 부담스러워하게 된다. 더불어 융통성 없는 사람으로 오인되기 쉽고, 이런 상태가 지속되면 대화는 점점 힘들어진다.

H그룹의 회장이 사업 초창기에 조선소를 짓기로 결정했을 때의 유명한 일화가 있다.

회장은 조선소 설비를 위한 자금을 마련하기 위해 동분서주하다가, 마침내 영국 버클레이 은행의 부총재와 면담할 기회를 만들었다.

내로라하는 경제 전문가와 금융 전문가들이 함께 자리한 가운데 날카로운 질문과 답변이 오가고 있었다.

그러던 중, 버클레이 은행의 부총재가 그에게 불쑥 물었다.

"당신의 전공은 무엇입니까?"

회장은 긴장하지 않을 수 없었다. 어린 시절을 가난하게 보낸 탓에 대학은커녕 중학교도 못 나왔기 때문이다. 부총재는 다시 한 번 그에게 물었다.

"당신은 무엇을 전공하셨습니까? 기계공학? 아니면 경영학?"

그러자 회장은 오히려 부총재에게 반문했다.

"제 사업 계획서를 읽어 보셨습니까?"

"물론입니다."

"제 전공은 바로 조선 사업입니다."

회장의 경쾌한 대답에 그 자리에 있던 사람들은 한바탕 웃음을 터뜨렸다.

그리고 은행의 부총재는 이렇게 말했다.

"당신의 전공은 유머로군요. 당신의 유머와 사업 계획서를 투자 담당 부서로 보내겠습니다."

아무리 뚝심이 센 회장이라 하더라도 이런 자리에서는 분명히 긴장될 것이다. 말 한마디에 수백억 원이 왔다 갔다 하는 상황인 것이다. 하지만 세계적인 금융 전문가들 앞에서도 회장은 당당하고 재치 있는 말로 수백억 원의 투자를 유치할 수 있었다. 자신이 조선 사업에 모든 것을 걸고 있다는 뜻을 충분히 전달하여 그들의 마음을 움직인 것이다.

만일 '당신의 전공이 뭐냐?'는 말에 당황하고 우물쭈물했다면, 이 면담의 결과는 어떻게 달라졌을지 모른다.

재치 있는 말 한마디는 사람의 마음을 쉽게 움직일 수 있다. 함께 웃음으로써 경직된 분위기를 부드럽게 만들어 서로 간에 친밀감을 형성하기 때문이다.

H그룹 회장은 까다로운 은행 관계자들을 유머와 재치로 상대했기 때문에 투자 자금을 멋지게 유치할 수 있었다.

경직된 분위기를 부드럽게 바꿀 수 있는 가장 좋은 방법은 바로 웃음을 이용하는 것이다. '웃음은 만국 공통어'라는 말이 있을 정도로, 웃음에는 사람들의 마음을 열어주는 힘이 있다. 대화는 통하지 않아도 함께 웃을 수 있다면 서로의 마음은 이미 반쯤 열려 있는 것이나 다름없다.

사람들에게 웃음을 줄 수 있는 재치 있는 말이나 재미있는 이야기를 적절하게 구사한다면, 어떤 자리에서든 당신은 유리한 위치에 설 수 있다.

　　순발력 있는 유머를 구사하기 어렵다고 생각된다면, 그 자리에서 쓸 수 있는 적당한 유머를 미리 준비해 가는 것도 좋다.

　　순발력 있는 유머는 사람들의 마음을 사로잡는다. 어렵고 힘든 자리일수록 적당한 유머를 준비하자. 준비된 유머는 분위기를 부드럽게 해주고 상대방에게 좋은 이미지를 심어준다.

아름다운 거짓말로
상대에게 용기를 주어라!

김 대리는 중요한 브리핑을 앞두고 초조함을 감출 수 없었다. 그가 회의장 앞을 수십 번 왔다 갔다 하자, 보다 못한 동료들이 안타까운 마음에 한마디씩 했다.

"평소 하던 대로만 하면 되잖아. 자네 말 잘하는데 뭐가 걱정이야?"라고 말하는 동료가 있는가 하면, "브리핑하는 것이 어려운 줄은 알지만, 그럴수록 마음을 담담하게 가져야지. 떨지 말라고."라고 말하는 동료도 있었다.

과연 어떤 말이 김 대리의 마음을 위로할 수 있었을까?

사실 김 대리는 말을 잘하지는 못한다. 그렇다고 이런 상황에서 그에게 그 사실을 다시 한 번 상기시킬 필요는 없다. 오히려 그는 거짓말이라 해도 자신감을 주는 말을 더 기쁘게 받아들인다.

'내가 말을 잘했던가? 그래, 저 친구 말대로 나도 말을 잘하는 편일 거야. 나도 잘할 수 있어.'라는 마음이 생긴다.

사람들은 거짓말을 싫어한다. 거짓말은 사람들을 곤경에 빠뜨리고 용기보다는 실의를, 기쁨보다는 슬픔을 안겨주기 때문이다.

하지만 사람들이 그 어떤 거짓말도 하지 못한다면 세상은 어떻게 될까? 신용 있는 사회가 정착될 수는 있겠지만 인간관계는 오히려 삭막해질 것이다.

용기를 잃은 사람이나 지쳐 쓰러진 사람에게, "그래, 넌 거기까지가 한계야. 괜히 무리하지 마."라고 말한다면 그것이 아무리 진실이라고 하더라도 듣는 사람은 더욱 비참해질 뿐이다.

이런 사람에게는 비록 거짓말이라도 희망을 불어넣을 수 있는 말이 필요하다.

가짜 나뭇잎으로 사경을 헤매는 사람을 살려낸 『마지막 잎새』의 노老화가처럼, 사람들에게 용기와 희망을 주는 거짓말이라면 얼마든지 환영받을 수 있다.

거짓말도 상황에 따라 유용하게 쓰이는 것이다.

"넌 잘할 수 있어. 이번엔 운이 나빴던 거야."라는 정도의 거짓말도 못 한다면 사람들과의 관계는 냉랭해질 수밖에 없다.

뻔한 거짓말이라 하더라도 상대방에게 희망과 용기를 줄

수 있다면, 그 거짓말은 백 마디의 솔직한 격려보다 더 큰 힘을
발휘한다.

일상생활에서 주로 하게 되는 의례적인 인사말도 듣는 사
람을 즐겁게 하는 멋진 거짓말이다.

"할머니, 젊었을 때는 정말 미인이셨겠네요. 지금도 이렇게
고운 것을 보면……."이라는 말이 할머니의 기분을 좋게 하듯
이, 처음 기획안을 작성한 신입 사원에게는 "자네, 처음치고는
잘했네. 앞으로 지켜보지."라는 거짓말은 직원의 의욕을 불러일
으킬 수 있다.

이런 선의의 거짓말을 많이 한다고 해서 "거짓말 하면 안
돼."라고 타박하는 사람은 없을 것이다. 사람들을 기쁘게 하고
미소 짓게 만들기 때문이다.

악의의 거짓말은 나에게 피해로 되돌아오지만, 선의의 거짓
말은 기쁨이 되어 돌아온다.

상황에 따라, 적절한 거짓말은 배려의 말이 되기도 한다. 상
대방에게 위로가 되고 기쁨이 될 수 있다면 선의의 거짓말은 얼
마든지 해도 괜찮다.

곤란한 상황에서의
유머는 최상의 반격 무기다

의도적이든 의도적이지 않든 누군가가 당신을 곤란하게 만들 때가 있다. 그런데 그 순간에 적절하게 대처할 말을 그 자리에서 바로 찾지 못한다면 당신은 상대방의 공격에 치명타를 입게 된다. 이때는 순발력과 재치로 반격해야 한다.

논산훈련소에서 고된 훈련을 받던 한 훈련병이 어느 날 밤 배고픔을 참지 못하고 피엑스px로 달려갔다. 그런데 정신없이 달려가다가 누군가와 부딪쳐 그 사람을 쓰러뜨리고 말았다.

어둠 속에서 쓰러진 사나이가 일어나서 훈련병을 쳐다보자, 그는 그만 기겁을 하고 말았다. 그 사나이는 별을 두 개나 달고 있는 장군이었다. 훈련병은 새파랗게 질려 부동자세를 취했다.

장군은 얼굴을 붉히고, 버럭 화를 내며 소리쳤다.

"자네, 내가 누군지 아나?"

"넷, 훈련소장님이십니다."

"너는 군법회의감이야."

그러자 훈련병은 대뜸 반문했다.

"저, 장군님. 제가 누군지 아십니까?"

"너 같은 녀석을 내가 어떻게 아나!"

훈련병은 아찔했던 정신을 가다듬고 말했다.

"장군님, 병법에 대해 한 가지만 가르쳐 주십시오!"

장군은 병사의 뜬금없는 부탁에 얼굴을 찌푸리며 말했다.

"병법?"

"예, 삼십육계는 언제 쓰는 병법입니까?"

훈련소장은 더욱 화가 나서 말했다.

"그것도 모르나! 모든 상황이 불리해서 도저히 승산이 없을 때 사용하는 병법이다. 알았나?"

이 말이 떨어지자마자 훈련병은 걸음아 나 살려라 하고 어둠 속으로 도망쳐 버렸다.

훈련병은 비록 자신의 실수로 인해 궁지에 몰렸지만, 장군에게 삼십육계의 병법을 말하게 함으로써 그 상황을 모면할 수

있었다. 어설픈 훈련병에서 장군의 가르침을 충실하게 실행하는 군인으로 탈바꿈한 것이다.

요즘은 호랑이한테 물려가도 정신만 차리면 호랑이의 가죽까지 얻을 수 있다고 한다. 위기에 빠졌다고 당황하고만 있으면 그곳에서 헤어날 수 없다.

마음의 여유가 없을 때 우리는 성급해지고, 사소한 일을 가지고도 큰 실수로 확대하게 된다. 그런 상태라면 위기 상황은 물론 평상시의 작은 실수에도 조급해하며 자포자기하기 쉽다. 언제 어디서든 침착하게 생각하고 사태를 냉정하게 바라보는 자세가 필요하다.

곤란한 지경에 빠져 있을 때도 정신을 가다듬고 차분하게 생각한다면, 그 상황을 재치 있게 빠져나갈 수 있는 여유가 생긴다.

  국회의원 선거 운동이 한창일 때의 일이다.

  합동 연설장에서 한 후보가 연설을 하고 있었다. 그때 갑자기 청중 속에서 달걀이 날아와, 연설하고 있던 후보의 얼굴에 맞고 말았다.

  갑작스런 달걀 세례로 인해 합동 연설장은 술렁이기 시작했다.

  그 순간 연설하던 후보가 소리쳤다.

  "이왕 달걀을 던지시려면 소금도 좀 부탁합니다."

  소란스러웠던 청중들은 웃음을 터뜨리며 후보의 여유에 박수를 보냈다.

  달걀을 맞은 그 후보는 돌발적인 상황을 만났지만 흔들리지 않고 재치 있게 대응하여, 오히려 상황을 자신한테 유리하게 만든 것이다.

  이처럼 자신을 위기에 빠뜨리려는 상대에게 던지는 재치 있는 말 한마디는 그 무엇보다 좋은 반격이 된다.

  김 대리가 열심히 만든 보고서를 보더니 동료가 이렇게 말했다.

"겨우 이거 하나 작성하는 데 3일이나 걸렸어?"

김 대리는 기분이 나빠져서 한마디 한다.

"자네는 그 3일 동안 공자님만 만나지 않았나?"

"공자님?"

"볼 때마다 졸고 있더군."

최 대리가 행동이 느린 동료에게 한마디 했다.

"자네, 그렇게 게을러서 아마 오래오래 살 거야."

"그래. 나도 그렇게 생각해. 내가 하늘나라로 올라가면, 자네 오는 길은 깨끗하게 청소해 놓겠네."

"뭘, 그렇게까지."

"자네는 나보다 한 달쯤 늦게 올 거지?"

사회생활을 하다 보면 때로는 업무상의 일로 인신공격을 당하거나, 장점이든 단점이든 자신의 성격으로 인해 핀잔을 듣는 경우가 있다. 그때마다 흥분하고 화를 내면 상황은 더 악화된다. 상대방 또한 자신의 잘못은 잊어버리고 상대가 화를 냈다는 사실에 격분하여 오히려 더 크게 화를 내기도 한다.

이때는 여유를 가지고 지혜롭게 대처해야 한다. 열 마디의

말로 화를 내는 것보다는 단 한마디의 재치 있는 응수로 당신을
한 수 위에 올려놓는 것이 중요하다.

희망의 말로 절망에
빠진 사람을 위로하라!

실의에 빠진 사람을 어떻게 위로해야 그 사람이 용기를 되찾을 수 있을까? 이럴 때는 아무 말도 하지 않고 우울한 표정으로 옆에서 지켜보는 것보다는 무언가 힘이 되는 말을 해주면 큰 위로가 된다.

하지만 자칫 잘못 말했다가는 위로는커녕 더 큰 실의를 안겨줄 수 있기 때문에, 말을 하기 전에 상대방의 마음을 신중하게 헤아려 보는 것이 중요하다. 가뜩이나 마음이 상해 있는 상대방에게 던지는 말 한마디가 상대에게 희망을 갖게 할 수도 있고, 더욱 큰 실의에 빠뜨리기도 한다. 그렇다면 희망을 주는 말은 어떤 말일까?

1995년에 일어났던 삼풍백화점 붕괴사고는 온 국민에게 깊은 슬픔과 분노, 그리고 충격을 안겨주었다. 그나마 무너진 건물 잔해 속에서 꿋꿋하게 버티다 살아난 사람들의 소식이 한 가닥 기쁨으로 다가왔다.

당시, 건물더미 속에서 수십 일 동안 갇혀 있다가 겨우 살아난 유 모 양을 구조할 때의 일이다.

몸을 움직일 수도 없었던 유 양은 눈앞에서 벌어지는 구조작업이 무섭기만 했다. 그녀는 철근과 돌덩이들이 내려앉는 소리를 듣고 두려움에 떨며 구조대원에게 말했다.

"아저씨, 무서워요."

그러자 구조대원 중 한 사람이 미소를 지으며 말했다.

"나중에 건강해지면 우리 데이트하자."

만일 구조대원이 '무섭겠지만 조금만 참아.'라는 식의 상투적인 말을 했다면, 유 양은 큰 용기를 얻지 못했을 것이다. 하지만 '건강해지면 우리 데이트하자.'라는 그 구조대원의 말에는 반드시 살 수 있다는 확신이 담겨 있었고, 그것이 유 양에게 커다란 위로가 되었다.

마찬가지로, 무언가를 두려워하거나 실의에 빠져 있는 사람들에게는 그들의 마음을 위로하고 긍정적인 미래를 생각할 수 있게 하는 말이 필요하다. 이런 말들은 그들에게 심리적인 안정감을 줄 수 있기 때문에, 삶에 대한 새로운 의욕을 불어넣는다.

이렇게 의욕을 잃어버린 사람을 위로할 때도 유머는 꼭 필요하다. 웃음은 긴장을 풀어주며, 근심과 걱정을 버리고 상황을 긍정적으로 생각할 수 있게 한다. 웃음 자체는 단 몇 초에 불과하지만, 그 몇 초로 인한 시너지 효과는 몇 십 년이 될 수 있다.

사업이 어려워진 친구를 위로할 때, "다 겪는 시련이야. 나중에 성공하면 나를 모른 척하지 말라고."라는 말은, 단순히 "기운 내."라는 말보다 미래에 대한 확신을 더 확실하게 심어줄 수 있다.

또 위급한 병으로 입원한 친구에게는 상투적인 위로보다는 "입원했다고 해서 큰일 난 줄 알았는데 다 나았구먼. 우리 다음 주에 등산이나 같이 가자고."라는 말이 훨씬 더 희망적이다.

사업상 중요한 결과를 기다리는 친구에게는 "열심히 했으니 좋은 소식이 올 거야."보다는 "이번 일 실패하면 내가 한턱 낸다."라는 말이 더욱 힘이 된다.

위로는 상대방의 어려운 처지를 이해하고 격려하는 것이다. 그렇기 때문에 위로의 말은 상대에게 힘을 불어넣어 줄 수 있어야 진정한 의의가 있다. 아무런 감동을 주지 못하는 위로의 말은 허공을 떠도는 메아리일 뿐이다.

재치 있는 말 한마디는 상대방에게 용기와 기쁨을 주고, 한순간이나마 모든 근심과 걱정을 사라지게 한다. 유머에는 절망적인 상황에서도 그 사람의 얼굴에 미소를 짓게 하는 강력한 힘이 깃들여 있다.

1분의 여유가 승패를 바꾼다

화를 내면 몸 안의 호르몬에서 독소가 나온다고 한다. 그 독소는 건강에도 치명적이기 때문에, 화를 많이 내는 사람은 낙천적인 사람보다 일찍 죽을 확률이 그만큼 높다.

세상을 살아가면서 화를 전혀 내지 않고 살 수는 없다. 하지만 화를 내는 만큼 자신의 몸에서 독이 뿜어 나온다는 것을 언제나 염두에 두고, 되도록이면 자제를 하도록 하자.

가난에 지친 한 사나이가 길을 걸어가고 있었다.

그때 맞은편에서 화려한 모피 코트를 입은 부인이 걸어오고 있었다.

자신의 처지와 너무나 다른 부인의 모습을 보는 순간, 더욱 비참해진 그 사나이는 그녀에게 소리를 질렀다.

"야, 이 돼지야!"

그 말을 들은 부인은 노발대발하며 그 사나이를 고소해 버렸다.

법정에 선 사나이에게 재판장이 판결을 내렸다.

"당신은 이 부인에게 돼지라는 모욕적인 말을 했으므로, 이에 벌금형을 내린다."

사나이는 판결에 따를 수밖에 없었지만, 화를 참으며 되물었다.

"재판장님, 부인에게 돼지라고 하면 벌금을 무는데, 그럼 돼지에게 사모님이라고 하면 어떻게 되나요?"

"그건 상관없소."

사나이는 원고석에 앉아 있는 부인에게 재빨리 미소를 지으며 부드러운 목소리로 말했다.

"사모님, 안녕히 가십시오."

화가 났을 때는 상대에게 상처를 주는 거친 말들만 쏟아져 나오게 마련이다. 이런 독설을 들으면 상대는 자신이 잘못했다고 생각하다가도 뉘우치기는커녕 증오심만 생긴다.

상대방에게 할 말이 있다면, 일단 화를 누그러뜨린 후에 말을 꺼내야 자신의 의사를 제대로 전달할 수 있다. 더구나 상대

방과 지속적으로 관계를 유지해야 한다면 독설은 더더욱 참아
야 한다.

험한 말을 잘하기로 유명한 소설가 마크 트웨인은 누군가
자신을 화나게 할 때마다 그 사람에게 편지를 썼다. 자신이 할
수 있는 가장 험한 말을 글로 대신한 것이다.

하지만 그 편지는 부치지 못했다. 그의 부인이 그가 험담으
로 가득 찬 편지를 쓰는 대로 다 없애버렸기 때문이다.

마크 트웨인은 누군가에게 편지를 쓴 뒤로는 더 이상 그 편
지를 찾지 않았다. 그의 노여움은 편지를 쓰면서 전부 풀렸기
때문이다.

현명한 아내를 둔 덕분에 마크 트웨인은 화를 풀면서도 상대방에게 피해를 주지 않을 수 있었다.

모든 사람들이 마크 트웨인처럼 할 수만 있다면 좋겠지만 그것은 생각처럼 쉬운 일이 아니다. 일단 화가 나면 자제력을 잃어버리기 때문에 이성적으로 생각하기가 힘들어진다. 그러다 보니, 나중에 후회하게 될 말들을 거침없이 쏟아내게 된다.

그렇다면 화가 났을 때 어떻게 행동해야 할까?

우선, 상대방에게 상처를 주는 일만이라도 자제할 수 있는 방법을 찾아보자.

눈을 감고 마음속으로 숫자를 세거나, 소중하게 여기는 사람의 얼굴을 떠올려 보라. 물론 화가 나는데 이런저런 생각이 나겠느냐고 반문하겠지만, 많은 사람들이 마인드 컨트롤로 마음을 다스리고 있다.

예를 들면, '화는 침묵으로'라는 말을 책상 위에 써놓고 수시로 되뇌어 보라. 그렇게 하다 보면 어느 순간 화가 났을 때 '화는 침묵으로'라는 자신의 암시가 떠오른다.

그런 방법으로 일단 마음을 가라앉히고 나면 조리 있게 상대방에게 충고하거나, 상황을 좀 더 냉철하게 바라볼 수 있게 된다.

이때는 충고하는 말이든 비난하는 말이든 유머러스하게 할 수 있다. 직설적인 말보다는 상대방을 설득하기 쉬운 말을 할 수 있는 것이다.

마지막으로, 스트레스를 풀 수 있는 저마다의 독특한 방법을 하나씩 개발하자. 화를 무조건 참으면 언젠가는 한꺼번에 폭발하게 마련이고, 화를 참는 것 또한 병의 근원이 되므로 그때그때 화를 풀 수 있는 나름대로의 노하우를 만들어 두는 것이 좋다.

말실수는 말로 만회하라!

‘아차’ 하는 순간 상대방의 표정은 벌써 굳어져 버리고, 어떻게 수습해야 할지 몰라 당황스러울 때가 있다. 상대방의 자존심을 건드리는 말을 무심결에 내뱉고 만 것이다. 비록 자신이 의도한 바는 아니지만 이미 그 사람은 마음의 문을 서서히 닫고 있다.

이 순간, 말실수를 한 사람도 덩달아 당황하면 분위기는 더욱 어색해진다. 그렇다고 그냥 어물쩍 넘긴다면 그 사람과의 사이에는 깨트리기 어려운 벽이 생길 것이다.

그렇다면 이런 급박한 위기의 순간을 어떻게 헤쳐가야 할까? 다음의 예를 보자.

여럿이 모인 자리에서 대화를 하던 중 버릇없는 아이들에

대한 얘기가 나왔다.

"아이는 제 엄마가 키워야지. 엄마 없이 자란 아이는 뭔가 다르다니까."

하지만 그 자리에 맞벌이 부부가 있었다면 이 말을 그냥 흘려듣지는 않을 것이다. 무심코 한 말이라고 생각하기보다는 자신에게 하는 말이라고 오해하기 쉽다.

말을 꺼내는 순간 그제야 맞벌이하는 동료가 눈에 띈다면, 이야기를 중단하지 말고 더 진행시켜야 한다.

"그런데 그것도 아이들 나름인가 봐. 내가 아는 친구 아들은 놀이방에서 여러 아이들과 어울리면서 예의범절을 잘 배웠더라고. 그래서 그런지 오히려 집안에서 오냐오냐 하며 자란 아이보다 더 깍듯해. 그 녀석을 보면 아주 신통하다니까. 우리 딸도 놀이방에 좀 보내야 할까 봐."

이렇게 말한다면 동료의 마음도 상하지 않을 뿐만 아니라, 대화도 자연스럽게 흘러갈 수 있다. 자신이 쏟아낸 말을 다른 방향으로 해석하여 자연스럽게 대화를 진행하는 것이다.

물론 가능하면 빠른 시간 내에 대화의 초점을 바꿔나가는 것이 좋다. 말실수는 시간이 지나갈수록 마무리하기가 더 어려워지기 때문이다.

평소에 대화를 하면서, 누군가가 말실수를 할 때 자신이라면 어떻게 말을 돌릴 것인지를 생각해 보는 것도 순간적인 대처 능력을 기르는 데 많은 도움이 된다. 물론 과거 자신의 말실수도 포함해서.

이 대리는 무심결에 김 과장에게 이렇게 말하고 말았다.

"과장님은 잡기에 능하시잖아요."

"자네, 잡기가 무슨 뜻인지 알고나 하는 소린가?"

"예, 잡기란 여러 가지 재주를 말하는 것 아닌가요? 제 말뜻은 그거였는데요."

"자네는 그렇게 생각할지 모르지만, 나에게는 노름꾼이나 주색잡기가 떠오르는군."

이 대리는 자신의 의도가 김 과장이 생각하는 것과 다르다는 것을 밝혔지만, 그는 벌써 '잡기'라는 단어에 마음이 상하고 말았다.

이런 경우에는 뛰어난 순발력을 발휘해야 한다. 김 과장이 "자네, 잡기가 무슨 뜻인지 알고나 하는 소린가?"라고 말했을 때, 그때 바로 이 대리는 머릿속으로 좋은 뜻으로 쓰일 수 있는 잡기의 의미를 생각해야 한다.

"물론입니다, 과장님. 여러 가지 재주를 말하는 거죠. 과장님은 업무 능력 뛰어나시죠, 직원들 잘 챙겨주시죠, 사무실 분위기 잘 조절해 주시죠. 이런 게 다 재주가 아니고 뭐겠습니까?"

그러면 김 과장은 굳은 표정을 풀고, 이내 이렇게 말하며 자리를 뜰 것이다.

"자네, 참 잘도 갖다 붙이네. 허허허."

말실수도 이렇게 돌리면 상대방의 마음을 사로잡을 수 있는 기회가 된다. 분위기가 오히려 더욱 즐거워지는 것이다.

간혹, 상사나 동료에게 무언가를 설명하는 도중 말이 잘못 나오는 경우가 있다.

"그래서 이 건에 대해서는 상이 아니, 상의를 하고 또 정당히 아니, 적당히⋯⋯."

이런 것은 긴장 때문에 생각이 제대로 정리되지 않아 일어나는 실수이다.

이때는 차라리 상대방에게 실수하는 이유에 대해 솔직히 털어놓는 것이 좋다. 괜히 실수를 모면하려고 하다가는 더 긴장되어 말더듬으로 오인될 수 있다.

"긴장돼서 혀가 굳었나 봐요. 혀도 운동을 시켜야겠죠?"

"오늘따라 입이 왜 이러지? 너무 혹사시켰나 봐. 물이라도 한잔 마시고 다시 얘기하지."

이렇게 말한 다음, 잠시 시간을 두고 긴장을 푼다. 심호흡

을 하든지, 자신이 하려던 말들을 다시 한 번 정리해 보면 말이
좀 더 쉽게 나온다.

상대가 이성일 때는 좀 더 애교 있게 말하는 것이 좋다.

"미녀(미남) 앞이라 나도 모르게 혀가 굳어지나 보네."

듣는 사람은 말하는 사람이 아무리 더듬거려도 원래 말을
더듬는다고 생각하기보다는 '오늘따라 특별한 일이 있나 보다.'
라며 이해하려는 마음이 생길 것이다.

좋은 말 한마디로 상대방을 즐겁게 만들 수도 있지만, 한마
디 말실수로 자신에 대한 상대의 이미지나 기대, 그리고 인간관
계까지 일시에 무너뜨릴 수도 있다. 따라서 항상 실수하지 않도
록 조심해야 한다.

그리고 어쩔 수 없이 말이 잘못 나오는 경우가 있더라도, 당
장의 말실수에 연연하지 않고 재치 있게 대처한다면 오히려 전
화위복의 계기가 될 수 있다.

위기의 순간이 닥치면
더 대범해져라!

우리는 누구나 살면서 크고 작은 위기의 순간들을 만나게 된다. 일상에서 만나는 작은 위기들은 큰 문제가 되지 않지만, 어떻게 대처하느냐에 따라 우리의 일생이 좌우될 수 있는 중대한 위기가 닥칠 수도 있다.

이때 순간적으로 당황하여 아무 말도 못한다면 자신이 쌓아놓은 모든 것을 그 자리에서 잃어버릴 수도 있다. 어떻게 하든 어려운 상황을 빠져나가야 한다.

때로는 그 순간을 대범하게 넘기는 것이 오히려 좋은 결과를 가져올 수 있다.

송시열이 갑작스런 소나기를 만나 어느 주막집에 묵게 되었을 때의 일이다.

비가 그치기를 기다리며 무료하게 있는데, 한 무관이 비를 피해 주막집으로 뛰어 들어왔다. 마침 빈방이 없는 터라 무관은 송시열이 있는 방에 들게 되었다.

비는 금방 그칠 것 같지 않았다. 송시열이 아무 말 없이 가만히 앉아 있는데, 먼저 무관이 입을 떼었다.

"얼굴을 보아하니 장기를 꽤 둘 것 같군. 어디 심심한데 장기나 한 판 둘까?"

"예, 그러십시다."

무관과 달리 우암 송시열은 경어를 쓰며 말했다.

이윽고 두 사람이 장기를 한 판 두고 나서 무관이 또다시 말을 꺼냈다.

"그래, 참, 영감이 감투를 쓴 걸 보니 무슨 벼슬을 하였나? 보리 섬이나 꽤 없앤 모양일세그려. 보리동지를 하였나? 이런 궁벽한 산촌에서 보리동지도 과분하지."

평민들이 보리쌀을 팔아서 첩지 한 장 받고 면천하던 때가 있었기 때문에 비꼬는 말이었다. 송시열은 속으로 우습기 짝이 없었으나 시치미를 뚝 떼고 공손하게 말했다.

"예, 뭐, 벼슬이야 대수롭겠습니까?"

무관은 그 음성이 우렁찬 데 다소 놀랐으나, 더욱 오만불손하게 물었다.

"이름이 무엇인고?"

이에 송시열은 더욱 공손히 대답했다.

"예, 저의 성은 송나라 송자이옵고, 이름은 때 시자, 매울 열 자, 송시열이라 하옵니다."

'앗!'

무관은 낮은 비명과 함께 안색이 새파랗게 변하고 말았다.

그가 얕잡아본 상대는 한 나라의 정승이자 대문장가요, 효종 대왕 시절 최고의 지우知遇를 받고 나랏일을 하고 있는 우암 송시열 대감, 시임時任 좌의정이었던 것이다.

그에 비해 자신은 십년 만에 겨우 요행으로 얻게 된 일개 안주 병사에 지나지 않았고, 그나마 이것도 하루아침에 사라질 찰나였다. 입이 재화를 만든다더니, 바로 이 순간을 두고 하는 말이었다.

우암은 무관의 안색이 변하는 것을 재미있게 지켜보고 있었다.

그때였다. 갑자기 무관이 철썩 하고 우암 송시열의 따귀를 보기 좋게 후려갈겼다.

"이 고약한 첨지 놈! 네놈이 어찌 우암 송시열 대감의 존명을 함부로 사칭하는고? 우암 대감으로 말하자면 문장과 도덕과 식견을 일세에 떨치고 계신 분인데, 네깟 영감쟁이가 어찌하여

송시열 대감일 수 있느냐! 이런 고얀 놈이 있나! 외람된 칭명을 취소하지 못할까!"

그러고 나서는 말을 끝맺기 무섭게 문을 박차고 나가, 뒤도 돌아보지 않고 말을 타고 달아났다.

우암은 쏟아지는 빗줄기를 뚫고 사라지는 무관을 바라보며, 그의 기지를 칭찬하였다.

"실로 대장부의 거창한 임기응변이다. 장부의 천변만화千變萬化한 재치로다. 능히 일감 하나는 맡길 만한 걸."

젊은 무관은 그날 이후 송시열 대감의 인정을 받아 높은 벼슬에 오를 수 있었다고 한다.

만일 그 무관이 송시열이라는 이름 하나로 그 자리에서 머리를 조아렸더라면 아마도 우암은 그에게 관직은커녕 호통을 쳤을 것이다.

위기의 순간일수록 대범하게 대처하라는 말은 새삼스러운 지침이 아니다. 하지만 누구나 할 수 있는 일도 아니다.

위기에 빠진 순간에도 마음을 침착하게 가라앉혀야 한다. 급한 마음에 이 순간을 빨리 벗어나려고만 하면 생각은 더욱 꼬이기 십상이다. 자신에게는 이런 순간에 바로 대처할 수 있는 순발력이 없다고 생각될수록 더욱 여유를 가지고 마음을 가다듬어야 한다.

물론 이것이 쉽지는 않다. 하지만 많은 시행착오를 겪다 보면 자기만의 대처법이 생긴다.

실수한 것을 말로써 모면할 수 없다면 차라리 정중히 사과하는 것이 더 현명하다.

자신이 처한 상황 속에 깊이 빠져 있기보다 제삼자의 시각으로 바라볼 수 있을 때, 좀 더 상황 판단을 잘할 수 있다. 그 속에서 현명한 대처방안이 나올 수 있는 것이다.

위기 속에서 헤어날 수 없는 사람은 다른 일에서도 마찬가지다. 어려운 상황에 직면할수록 마음을 더욱 대범하게 가지자.

희망의 말 한마디에도
유머를 담아라!

사람들에게 희망이 없다면 이 세상은 암흑과 같을 것이다. 사람들이 그 많은 고통을 겪으면서도 버텨나갈 수 있는 것은 바로 희망이 있기 때문이다.

루스벨트 대통령이 기자회견을 하고 있었다.

한 기자가 그에게 질문을 했다.

"걱정스럽다든가 초조할 때는 어떻게 마음을 가라앉히십니까?"

루스벨트 대통령은 미소를 지으며 대답했다.

"휘파람을 붑니다."

기자는 의외라는 듯 다시 질문했다.

"제가 알기로는 대통령께서 휘파람을 부는 것을 보았다는 사람은 없는데요."

루스벨트 대통령은 자신 있게 대답했다.

"당연하죠. 아직 휘파람을 불어본 적이 없으니까요."

루스벨트의 이 한마디에는 희망의 메시지가 깃들여 있다. 대통령으로서 초조하거나 걱정스러운 적이 없지는 않았겠지만, 사람들에게 그런 것들은 문제없이 해결할 수 있다는 의지를 보여준 것이다. 더불어 경기 침체의 여파 속에 있는 당시의 국민들에게 아직은 미국이 든든하다는 것을 역설적으로 강조하고 있다.

지치고 힘들 때 듣게 되는 이런 한마디 말은 마음에 위안이 된다. 한 나라의 대통령으로서, 루스벨트는 그 한마디로 전 미국인들에게 용기를 주었다.

이런 마음가짐은 작게는 한 가정의 가장에서부터, 크게는 한 나라의 대통령에 이르기까지 누구나 반드시 지니고 있어야 할 덕목이다. 어떠한 어려움이 있더라도 자신에게 의지하는 사람들에게 희망을 줄 수 있을 때 그 조직은 크게 발전할 수 있다.

모 그룹이 사업 초기에 큰 화재를 당한 적이 있다.

직원들이 이제 다 끝났다며 자포자기하고 있을 때, 그 그룹의 회장은 아무 일 아니라는 듯 이렇게 말했다.

"차라리 잘됐어. 어차피 새로 지으려고 했으니까."

이 말을 들은 직원들은 새로운 기대와 희망을 가질 수 있었다. 그 한마디로 새로 시작할 힘이 생긴 것이다.

이처럼 절망 속에서도 희망의 가능성을 발견하는 재치 있는 한마디는 사람들에게 새로운 힘을 불어넣는다.

부서 내에서 힘을 합쳐 만들어 낸 기획서가 평가에서 낙제 점수를 받았다고 부서장부터 위축되어 있다면, 부하 직원들의 마음은 더 말할 것도 없다. 그 부서를 책임지고 있는 장이라면 적어도 자신의 감정보다는 아래 직원들의 마음을 먼저 생각해야 한다.

"이런 것도 제대로 못하는 내가 무엇을 할 수 있겠어?"라고 말한다면, 비록 스스로에게 한 말이지만 아래 직원들은 고스란히 자신들에게 한 말로 받아들인다.

그보다는 "우리가 최선을 다했다는 것만은 우리 스스로가 인정할 수 있으니 실망하지 말자."라고 하는 것이 어떨까. "처음부터 성공하면 재미없잖아? 극적인 반전이 더 스릴 넘친다고. 자, 자, 극적인 반전! 우린 이것을 노리자고."

이런 말을 하는 사람은 리더이든 평범한 사원이든 앞으로 자신의 일을 성공적으로 해나갈 수 있는 기본적인 자질을 갖춘 사람이다.

재치 있는 위로의 말은 자신보다 남을 먼저 생각할 때 자연스럽게 나올 수 있다. 지금 상대에게 정말로 필요한 것이 무엇인지를 고민한다면, 위로의 말은 저절로 나오게 된다.

사람들에게 희망을 주자. 절망 속에 있을수록 희망을 주는 말은 사람들에게 새로운 힘을 갖게 하고, 자신도 그 힘을 느낄 수 있다.

희망의 말이 웃음을 자아낸다면 그 말의 힘은 더욱 커진다. 평범한 말보다는 사람들의 가슴을 좀 더 깊이 파고들 수 있기 때문이다.

에디슨은 자신의 실패 앞에서 이렇게 말했다.

"나는 실패한 것이 아닙니다. 단지 성공할 수 있는 몇 가지 방법을 발견했을 뿐입니다."

그 결과가 얼마나 위대했는지는 우리 모두 잘 알고 있다.

사람들에게 희망을 주는 말은 곧 자신에게 희망을 주는 말이기도 하다. 희망의 말 속에서 서로가 새로운 용기를 얻게 되는 것이다.

주변이 소란스러울 때는 쇼킹한
유머로 청중의 시선을 끌어라!

회사에서 중요한 기획안에 대해 브리핑을 하려고 하는데, 사람들의 관심은 도무지 자신에게 쏠리지 않는다. 브리핑에 참석하려고 온 것인지, 각자 떠들려고 온 것이지 알 수가 없을 정도이다.

이것은 개인적인 대화에서도 마찬가지다. 동료나 친구들이 여럿 모이면 한 사람의 말에 집중하기 어렵다.

이런 경우, 참석한 모든 사람들에게 자신의 의견을 전달하고 싶다면, 먼저 그 사람들의 시선을 자신에게 집중시켜야 한다.

어느 교회의 목사가 설교를 시작하려고 하는데, 사람들이 떠드는 소리 때문에 정작 설교를 시작하지 못하고 있었다.

잠시 후 목사는 큰 소리로 고함을 질렀다.

"불이야, 불!"

그 소리에 모두들 깜짝 놀라, 하던 말을 멈추고 이리저리 둘러보았다. 그러나 불은커녕 연기도 보이지 않았다.

사람들은 목사에게 물었다.

"목사님, 도대체 어디에 불이 났다는 말씀이십니까?"

"지옥에 났습니다. 설교가 시작되기 전에 떠드는 사람들이 가는 지옥 말입니다."

목사는 재치 있는 말 한마디로 사람들의 시선을 자신에게 집중시킬 수 있었다.

사회생활을 하다 보면 이렇게 사람들 앞에서 발표를 하거나 혹은 자기주장을 펼쳐야 할 때가 많다. 하지만 모든 사람들의 시선을 자신에게로 모으는 것이 생각처럼 쉽지는 않다.

어느 회사의 회의 시간에 있었던 일이다.

회의가 자주 있는 부서에서는 대개 회의를 시작하기 전에 잡담이 오고 가기 마련이다. 전날 회식이라도 있었다면 회식에 관한 얘기를 주로 주고받는다. "어제 잘 들어갔나?" "속은 괜찮습니까? 무리하신 것 같은데." "자네 다시 봤어. 노래를 꽤 잘하던데." 등등.

어느 정도 말이 오고 갔으면 이제는 회의에 들어가면 좋으

런만, 어느새 회의 분위기는 회식 뒷이야기로 어수선해져 버린다. 모두가 삼삼오오 짝을 지어 수다를 떠느라고 정신이 없는 것이다.

최 대리는 이 회의를 마치는 대로 회의 안건을 바탕으로 서류를 작성해야 한다. 그런데 회의는 뒷전으로 미루고 이런 잡담만 하고 있으니 여간 불안하지 않다.

그렇다고 딱딱하게 회의를 시작하자고 말하면 자신만 분위기를 못 맞추는 것 같고, 그냥 진행하자니 사람들의 호응이 적을 것 같아서, 이래저래 말도 못하고 시간만 그냥 흘려보내고 있었다.

그러던 중 한 직원이 갑자기 소리쳤다.

"앗, 큰일 났다!"

사람들은 모두 그를 쳐다보며 물었다.

"무슨 일이야? 왜 그래?"

사람들의 주목을 받은 그 사원이 빙그레 웃으며 말한다.

"우리의 주제가 없어졌습니다. 최 대리님, 주제 좀 찾아주세요."

사람들의 시선은 다시 최 대리에게 몰렸다.

"자, 이번 회의의 주제는……."

순식간에 분위기는 잡담에서 회의로 바뀌었다.

만약 최 대리가 딱딱하게 "자, 이제 잡담은 그만하고 회의를 합시다."라고 말했다면, 분위기가 어수선한 채로 회의를 시작하게 되었을 것이다. 사람들이 여전히 잡담의 여운을 지닌 채 회의에 임하기 때문이다.

하지만 순간적으로 충격을 주는 말은 잡담의 분위기를 끊고 본연의 목적인 회의 분위기로 바꿔놓을 수 있다.

이런 순간에 쓰는 깜짝 유머는 한두 마디의 말로 사람들을 집중시켜야 하기 때문에 약간 과장해서 말하는 것이 좋다. 또한 말하고자 하는 내용과 연결시킬 수 있다면 더욱 효과적이다.

사람들이 자신의 말을 제대로 들을 수 있는 분위기를 만들어야 자신의 의견을 좀 더 확실하게 이해시킬 수 있는 것이다.

상대방의 잘못을 일깨울 때는
질책보다 풍자가 좋다

실수는 누구나 하게 마련이다. 하지만 빈번한 것은 곤란하다. 간혹 하는 실수는 실수로 인정하지만, 그런 실수가 자주 일어난다면 부주의한 사람이라고 생각하게 된다.

잦은 실수로 사람들을 당황하게 만드는 직원에게는 따끔한 질책이 약이다. 하지만 무턱대고 몰아세우는 질책은 오히려 반감을 불러일으킬 수 있다.

이때 풍자를 이용하면 기대 이상의 효과를 거둘 수 있다.

풍자는 권력의 부패나 사회의 모순 등을 비난할 때 많이 이용하는데, 그것은 다른 사람들에게 웃음을 주면서도 당사자에게는 날카로운 비판을 할 수 있기 때문이다.

조선미술협회 창립 기념식이 열리는 자리였다.

그 자리에는 조선 총독 이토 히로부미와 이완용, 송병준 등 많은 친일파들이 참석하였다.

마침 그 자리에 있던 이상재 선생이 이완용과 송병준에게 이렇게 말했다.

"두 분 대감은 일본으로 가시는 게 좋지 않겠소?"

이완용과 송병준은 느닷없는 말에 영문을 몰라 되물었다.

"갑자기 그게 무슨 말씀이십니까?"

이상재 선생은 그들을 똑바로 쳐다보며 대답했다.

"대감들은 나라를 망하게 하는 재주꾼들 아니오? 그러니 두 분이 일본으로 가면 일본이 망하지 않겠소?"

두 사람은 말할 것도 없이 그 자리에 있던 모든 친일파들은 할 말을 잃고 말았다.

그 어떤 비난을 들어도, 친일파들은 나라를 위한 소신인 듯 고개를 숙이지 않았었다. 하지만 이상재 선생의 말 한마디에 그들은 고개를 들지 못했다.

비난받아 마땅한 대상이라도, 몰아세우며 질타하면 그들은 더욱 자신을 합리화한다. 하지만 이상재 선생의 통쾌한 풍자 한마디는 그들이 대꾸할 말을 잃어버리게 하고, 스스로 부끄러움을 느끼도록 했다.

이처럼 풍자는 그 어떤 질책보다 더욱 큰 효과를 발휘할 수 있다.

직장생활에서도 풍자를 잘 이용하면 면전에서 핀잔을 주는 것보다 훨씬 더 상대방의 가슴을 뜨끔하게 만들 수 있다.

물론 이런 말은 개인적으로 하는 것이 좋다. 많은 사람들 앞에서 한다면 반발심만 일으킨다. 그 사람에게 망신을 주는 것이 목적이 아니라면, 잘못을 느끼게 하기만 하면 된다.

예를 들면, 빈둥거리는 사원에게는 이렇게 말할 수 있다.

"자네는 다음에 훌륭한 리더가 될 수 있을 거야."

"제가 어떻게요?"

"백수 클럽의 리더로서 조금도 손색이 없으니까."

사람은 스스로 반성할 때 나쁜 버릇을 고칠 수 있다. 주변에서 아무리 입이 닳도록 말해 봐야 스스로 깨닫지 못하면 소용이 없다.

단, 풍자는 최후의 방법이다. 질책을 하는 데에 더 좋은 방법은 얼마든지 있다. 그것이 안 통했을 때 마지막으로 쓸 수 있는 것이 풍자다.

큰소리치며 질책한다고 해서 잘못을 깨닫는 것은 아니다.

무턱대고 화를 내면 오히려 역효과만 나고, 말하는 사람마저 기운이 빠진다.

미소를 지으며 말하는 풍자 한마디는 소리를 지르는 것보다 더욱 큰 효과를 발휘한다.

곤란한 질문은 되돌려 주어라!

사람들은 누구나 대답하기 곤란한 질문을 받으면 말문이 막히고, 심하면 아무 생각조차 할 수 없다. 이때 선불리 대답했다가는 더 난처한 상황에 몰릴 수도 있고, 그렇다고 아예 대답을 안 하면 불필요한 오해를 부를 수도 있다.

이럴 때일수록 정신을 바짝 차리고 재치를 발휘해서 어려움을 모면해야 한다.

옛날 어느 고을에 고약한 사또가 있었다.

그는 관가에서 빌린 쌀을 갚지 못하는 어느 농부의 딸을 탐내고 있었다.

그러던 어느 날 사또는 농부의 집으로 가서 이렇게 말했다.

"네가 꿔간 쌀은 내가 갚아주겠다. 단, 내가 하는 세 가지 질문에 대답하지 못하면 네 딸은 내가 데려가겠다."

농부는 사또의 말에 깜짝 놀랐으나 어쩔 수가 없었다.

"너의 집 감나무에 참새가 몇 마리나 앉을 수 있느냐?"

농부는 아무리 생각해도 알 수가 없었다.

"모르겠습니다."

"보름달이 하룻밤 동안 몇 리를 가는지 아느냐?"

"모릅니다."

"그럼, 내가 지금 앉겠느냐, 서겠느냐?"

농부는 우물쭈물하다가 결국 이렇게 대답했다.

"그것도 모르겠습니다."

이렇게 해서 농부는 딸을 사또에게 줄 수밖에 없었다.

영문도 모른 채 사또 앞에 불려온 딸은 연유를 물었다.

"제가 무엇 때문에 가야 하는지는 알려주셔야 하지 않겠습니까, 사또."

"그래. 그럼 네가 내 질문에 대답을 하거라! 너라도 정답을 말한다면 너를 데려가지 않겠다. 너의 집 감나무에 참새가 몇 마리나 앉을 수 있는지 아느냐?"

"예. 그것은 오백 아흔 여덟 마리이옵니다."

"어째서 그러하냐?"

"지난 해 감을 땄을 때 모두 세어보니 딱 오백 아흔 여덟 개였습니다. 그러니 참새도 그 이상은 앉지 못할 것 아니옵니까?”

“허허, 그럼 보름달이 하룻밤에 몇 리나 가겠느냐?”

“구십 리를 가옵니다.”

“구십 리라, 어째서 그런 터무니없는 대답을 하느냐?”

“제가 절에 치성을 드리러 갔다 올 때 달이 뜨는 것을 보면서 출발하였습니다. 집에 도착해 보니 달이 막 지더이다. 소녀가 달과 함께 하룻밤을 동행했는데 그걸 모르겠습니까?”

“으~음. 그럼, 내가 지금 앉겠느냐, 서겠느냐?”

“사또, 제가 앉겠다고 말하겠습니까, 서겠다고 말하겠습니까?”

“그거야 네가 결정할 일이 아니냐?”

“사또께서 앉느냐 서느냐도 직접 결정하실 일이지, 제가 결정할 일이 아니지 않사옵니까?”

농부의 딸처럼 질문을 되돌려 보면 적절한 대답이 보인다.

특히, 이 방법은 질문이 회사의 기밀이나 중요한 사항에 관한 것일 때 더욱 효과적이다.

거래처의 정 대리가 영업부 임 대리에게 물었다.

“이번에 그 회사에서 신제품 발표한다면서?”

"신제품이요?"

"아니, 자기 회사 일도 몰라?"

임 대리는 전혀 모르는 일이라는 듯 고개를 갸우뚱하며 이렇게 대답했다.

"우리 회사에서요? 제가 요즘 외근을 많이 하다 보니 집안 사정을 몰랐네요. 당장 들어가서 물어봐야겠네."

이때 "글쎄요. 그런 건 제가 말하기 뭣하네요."라며 얼버무린다면 상대방은 더욱 집요하게 물어올 것이다.

하지만 임 대리처럼 상대방의 질문을 되돌림으로써 자신도 모르는 일이라는 것을 암시할 수 있고, 대답도 간단히 회피할 수 있다.

때로는 동료들도 대답하기 곤란한 질문을 할 때가 있다.

허 과장이 은근히 말을 건넨다.

"자네, 이번 프로젝트 기밀 서류 갖고 있지?"

김 과장은 뜻밖의 질문이라는 듯 대답한다.

"내가 기밀 서류를 갖고 있다고? 기밀 서류가 있기는 있네. 나의 약점을 적어놓은 것으로."

상대방이 어떤 의도로든 대답하기 곤란한 질문을 했을 때 대처하는 가장 좋은 방법은 반문이다. 반문은 무슨 말인지 모를 때 하기도 하지만, 질문한 사항을 전혀 이해하지 못할 때 하기도 한다. 일단 반문을 하면 질문한 사람은 순간적으로 '이 사람이 모르고 있는 거 아냐?'라고 생각하게 되는 것이다.

한 발 물러서면 더 많이 보인다

 상대방이 실수를 저질렀을 때, 무턱대고 상대방을 꾸짖기보다는 유머러스하게 질책하는 것이 더 나을 때가 많다. 이 같은 질책 유머는 상대방의 입장을 헤아릴 뿐만 아니라, 자신의 의도를 상대방에게 각인시키는 데도 효과적이다.

IBM의 창설자 톰 왓슨 회장의 밑에서 일하던 한 간부가 무리한 프로젝트를 진행하다가, 1천만 달러라는 엄청난 손해를 회사에 안겨주고 말았다.

왓슨에게 불려간 간부는 침울하게 말했다.

"제가 책임지고 사표를 쓰겠습니다."

그러자 왓슨은 자리에서 벌떡 일어나며 말했다.

"지금 농담하는 건가?"

"예?"

"우리는 지금 자네를 위해 자그마치 1천만 달러의 교육비를 지불했단 말이야!"

톰 왓슨 회장의 말 속에는 따끔한 질책과 함께 더욱 분발하라는 격려의 의미가 들어 있다. 간부에게는 그 말이 어떤 질타보다도 더 가슴에 와 닿았을 것이다. 그리고 그는 IBM을 위해서, 또한 자신의 실수를 만회하기 위해서라도 더욱 열심히 일할 것이다.

물론 1천만 달러가 넘는 손해를 본 왓슨 회장은 처음에는 몹시 흥분했을 것이다. 하지만 그는 당장의 금전적인 손해보다는 간부의 능력과 자존심에 더 큰 가치를 부여했다.

그렇지 않고 왓슨 회장이 흥분하며 간부에게 심한 질책을 하고 사표를 받아냈다면, 그는 돈도 잃고 간부도 잃고 말았을 것이다.

돈보다 중요한 것이 사람이다. 자칫 달리 마음을 먹었다면 왓슨 회장은 1천만 달러뿐 아니라 앞으로 그 두 배인 2천만 달러를 회사에 벌어줄 사람을 잃을 수도 있었다.

흥분한 상태에서 감정을 앞세워 말하게 되면, 곧 후회가 따르기 마련이다. 상대 또한 이미 자신의 실수를 인정하고 있더라도 심한 반발심이 생기게 된다. 그리고 그 사람을 다시 내 사람으로 끌어들이기 위해서는 많은 시간과 노력을 들여야 한다.

그런 점에서 처음 감정이 격해지는 순간에 잠시 숨을 돌리는 것이 시간과 노력을 절약할 수 있는 방법이다.

톰 왓슨 회장처럼 재치 있는 말을 구사하기는 어렵겠지만 가능하면 유머러스하게 말해 보자. 무턱대고 질책하기보다는 뼈 있는 유머 한마디가 그 사람을 더욱 분발하게 한다.

우선은 당신이 무심코 했던 질책의 말부터 유머러스하게 한번 바꿔보자.

직원이 작성해 온 서류가 미흡할 경우 당신은 이렇게 말할 수 있다.

"이 서류는 국어 공부 좀 더 시켜줘."

"네?"

"주제가 없어진 것 같거든."

직원은 미소를 지으며 기꺼이 다시 서류를 작성할 것이다.

자주 지각하는 동료에게는 시계를 선물하며 이렇게 말해 보는 것도 좋다.

"자네를 위해 준비했네."

"이게 뭔가?"

"자명종이야. 소리가 아주 크지."

동료는 잠자기 전에 시계를 머리맡에 두고, 지각하지 않기 위해 노력할 것이다.

순간적인 홍분에 사로잡혀 무턱대고 감정적인 말들을 내뱉지 말고, 일단은 한 발 물러서서 전후 상황을 냉정하게 판단해야 한다. 그것은 당장의 작은 이익 때문에 더 큰 것을 잃어버릴 수도 있기 때문으로, 판단이 서면 가장 효과적으로 자신의 의사를 상대에게 전달할 방법을 찾아보라.

상대방을 배려하는 마음만 있다면 질책 유머는 쉽게 만들 수 있다. 상대방의 실수를 관대하게 받아준 뒤 그것을 재미있게 말하면 된다.

질책 유머는 실수를 바로잡고 일의 효과도 높일 수 있는 최상의 방법이다. 또한 상대방의 기분을 나쁘게 하지 않기 때문에 동료나 부하 직원에게서 좋은 평가를 받게 된다.

브리핑 요리에는
유머 애피타이저를 내놓아라!

직장생활을 하다 보면 기획안을 가지고 간부나 다른 직원들 앞에서 브리핑할 기회가 많다.

이런 자리에서는 좀 더 명확한 설명이 필요한데, 그들이 제대로 이해해야만 자기 부서로 돌아가 다른 사람에게도 정확하게 설명할 수 있기 때문이다. 따라서 브리핑은 준비가 철저할수록 성공률이 높다.

다음은 브리핑을 성공적으로 끝낼 수 있는 방법 다섯 가지이다.

첫째, 브리핑의 필요성을 파악하고, 주제부터 확실하게 정한다.

주제는 단순하고 짧게 표현할 수 있는 말로 준비한다. 주제가 길어질수록 브리핑 자체가 지루해질 가능성이 높다. 그렇지 않아도 지루한 브리핑이 더욱 견디기 힘들어지고, 듣는 사람도 집중할 수 없게 되어 그만큼 이해력도 떨어진다.

둘째, 브리핑 자료는 정확한 단어를 선택해 쓴다.

추상적인 단어는 듣는 사람에 따라 해석의 차이를 가져오므로 잘못 이해하여 왜곡시킬 수도 있다. 따라서 브리핑에 사용되는 말들은 좀 더 분명한 의미를 지닌 것이어야 한다.

이때 너무 많은 자료를 준비하면 역효과를 내기 쉽다. 의욕이 앞서 이것저것 자료들을 다 보여준다면 보는 사람들 머릿속만 복잡해진다. 그리고 내용도 산만해져 주제를 벗어나게 된다. 자료는 간단하게 줄이고, 언어는 정확하게 써야 한다.

셋째, 브리핑을 시작하기 전에 유머 한마디로 분위기를 환기시킨다.

브리핑은 중요한 사안에 대해 설명 또는 의논하는 자리이기 때문에 딱딱할 수밖에 없다. 브리핑 장소에 앉아 있는 사람들의 얼굴 표정을 보면 예외 없이 굳어 있다. 그러나 그 딱딱한 것이 지나치면 오히려 집중력이 떨어지게 된다. 지루함을 견디기 위해 머릿속으로는 딴생각을 하는 것이다.

이때 간단한 유머를 이용해서 무표정한 얼굴에 미소를 짓게 한다면 발표하는 사람도 부담을 훨씬 덜 수 있고, 듣는 사람들도 더욱 적극적으로 브리핑에 관심을 기울이게 된다.

자동차 세정액을 새로 개발한 어느 기업의 간부가 외국 바이어들을 상대로 제품 설명회를 열었다. 그는 브리핑 첫마디를 이렇게 시작했다.

"스웨덴과 노르웨이는 서로 앙숙간입니다. 언젠가 제가 스웨덴에 갔더니 스웨덴 사람이 이렇게 말하더군요. '스웨덴에서는 자동차를 세차하기 위해 한 사람만 있으면 되지만, 노르웨이에서는 두 명이 필요합니다.'라고. 그 이유를 아시겠습니까?"

바이어들은 흥미로운 표정으로 그를 응시하며, 다음에 이어질 말을 기다렸다.

"한 명은 스펀지를 들고 서 있고, 나머지 한 명은 계속해서 차를 전진시켰다 후진시켰다 해야 하니까요."

그 자리에 있는 사람들과 한바탕 웃고 난 기업의 간부는 편안한 마음으로 브리핑에 들어갔다.

함께 웃음으로써 서로의 관계는 훨씬 부드러워지고, 어렵게만 느껴지는 브리핑도 원만하게 진행된다. 딱딱한 브리핑 분위기를 부드럽게 풀어주는 유머야말로 최상의 애피타이저이다.

아직까지 우리의 직장 문화는 회의 시간에는 진지해야 한다는 생각이 지배적이어서 브리핑의 분위기는 여전히 경직되어 있다. 발표하기 전 재미있는 유머 하나로 유쾌하게 시작하면 브리핑도 한결 쉬워지고, 성과도 훨씬 커진다.

넷째, 불필요한 제스처를 삼간다.

제스처도 중요한 의사 전달 수단 중의 하나다. 적당한 제스처는 사람들이 말하고자 하는 내용을 이해하는 데 도움이 될 수 있다. 하지만 불필요한 제스처는 상대에게 거부감을 준다.

특히, 시선을 한곳에 집중하는 것이 중요하다. 얼굴은 한곳을 향하고 있으면서 눈동자를 이리저리 움직인다면, 딴생각을 하고 있는 것처럼 보인다. 눈동자가 움직이는 대로 얼굴도 같이 움직여야 한다. 사람들이 제일 싫어하는 것이 누군가 자신을 곁눈질하는 것이다.

긴장된다고 굳어진 얼굴로 눈동자만 돌리면 상대방은 브리핑 내내 기분이 나빠져 이야기를 제대로 듣지 못할 것이다.

다섯째, 연습보다 중요한 것은 없다.

브리핑을 하기 전 몇몇 동료들 앞에서 연습을 해보는 것도 큰 도움이 될 것이다. 그들 앞에서 설명을 하고 질문도 받는다면 예상 문제를 풀어보는 것과 같은 효과를 얻을 수 있다. 거기다가 그들이 지적해 준 것을 수정하거나 보강한다면 더욱 완벽한 자료가 된다.

연습은 실수를 줄이기 위한 첩경이다. 미흡한 점을 찾아 보강하다 보면 브리핑을 더욱 성공적으로 끝낼 수 있다.

이제 준비가 끝났다면 연습한 대로 침착하게 시작하자.

먼저, 브리핑을 하는 이유와 주제를 말한다. 그러면 참석자들은 브리핑에 좀 더 집중할 수 있다.

그리고 말의 속도를 조절해 가며 이야기한다. 긴장해서 너무 빠르게 말하면 내용이 제대로 전달되지 않고, 그렇다고 너무 느리게 말하면 지루해진다. 적당한 선을 유지해야 한다.

끝으로, 참석자들이 브리핑의 내용을 마지막으로 점검할 수 있도록 다시 한 번 주제와 결론을 말한다.

그리고 감사의 인사를 하면 된다.

"지금까지 ○○에 대한 발표였습니다. 긴 시간 내주셔서 정말 감사합니다."

자신이 노력한 만큼 대가는 돌아온다. 브리핑 시간이 무조

건 힘들다고만 생각하지 말고, 철저하게 준비한 후 강한 자신감
을 가지고 브리핑에 임한다면 성공적으로 끝낼 수 있다.

상대의 비난을 잠재우는
날카로운 유머를 개발하라!

서로를 적대시하는 사람들 간에는 굉장히 심한 말도 거침없이 오고 가게 되는데, 그 말들은 서로에게 치명적일 수밖에 없다. 이런 상황에서, 상대방의 말에 심한 모욕감을 느끼며 대응할 말을 찾지 못하게 되면 자신이 더욱 비참해지는 것을 느끼게 된다.

영국의 한 보건부 장관이 의회에서 국민 보건을 주제로 연설할 때였다. 그때 한 의원이 벌떡 일어나 외쳤다.

"장관은 수의사 출신 아니오? 수의사가 사람의 건강에 대해 얼마나 안다고 그렇게 떠들어 대는 거요?"

모든 의원들의 시선은 연단으로 쏠렸다. 그러나 장관은 미소를 지으며 대답했다.

"네, 저는 수의사입니다. 혹시 어디가 편찮으시다면 언제라도 저를 찾아오십시오."

의회는 한바탕 웃음바다로 변해 버렸다.

영국의 정치인 존 윌크스는 어느 날 반대당의 한 정치인을 맹렬히 비난했다.

이에 분노한 그 정치인이 윌크스에게 차갑게 내뱉었다.

"선생은 교수형을 당하거나, 아니면 더러운 병에 걸려 죽게 될 것이오."

이 말을 들은 윌크스는 다시 차분하게 대꾸했다.

"존경하는 선생님, 그렇다면 내가 어떻게 죽을 것인지는 내가 선생님의 사고방식을 받아들이느냐, 아니면 선생님의 애인을 받아들이느냐에 달려 있습니다."

보건부 장관이 자신을 수의사 출신이라며 얕잡아 보는 말에 대해 격한 목소리로 "그것이 무슨 상관이냐?"고 쏘아붙였다면, 두 사람 사이의 언쟁은 쉽게 끝나지 않았을 것이다. 하지만 그는 스스로 자신의 직업을 인정하고, 오히려 그 점을 이용해 반격의 일침을 가했다.

윌크스 또한 유치한 공격에 대해 상대방의 고리타분한 사고방식을 꼬집었고, 더불어 그가 만나는 여성까지 비하시켰다.

아무래도 인신공격은 정치권에서 흔하게 마련이다. 상대방을 헐뜯음으로써 자신의 입지를 높이려는 행태가 정치권에서는 여전하기 때문이다.

하지만 이런 말을 듣고 흥분하여 똑같이 소리를 지르며 욕설을 퍼붓는다면 유치한 수작에 말린, 유치한 사람밖에 되지 않을 뿐더러 자기 스스로 인격을 낮추는 꼴이 되고 만다.

인신공격을 당했을 때 가장 필요한 것은 인내이다. 우선 상대방의 공격에 흔들리지 않아야 그에 대응할 말을 찾을 수 있다. 모욕적인 말을 들어도 우선 참은 뒤에 상대방에게 날카로운 비수를 돌려줘야 한다.

정치권의 공방전이 아니어도 세상을 살다 보면 다른 사람들로부터 어이없는 인신공격을 당할 때가 있다. 집안 배경이나 학력, 심하게는 신체적 결함까지 그 대상이 된다.

그때마다 흥분한다면 스스로 콤플렉스를 인정하는 셈이 되지만, 부드러운 유머로 응수한다면 한 차원 격이 높은 사람으로 인정받게 된다.

가령, 회사에서 어떤 사안에 대해 의견이 맞지 않는 것을 두고 학력을 시비 삼아 꼬투리를 잡는 사람이 있다고 하자.

"가방 끈 짧은 사람이 알면 얼마나 알겠어? 당신 그 이론을 제대로 이해하고나 있는 거야?"

"이론과 실제가 다를 수도 있다는 것을 깨우치지 못한 것을 보니 아직도 학생인 줄 아는가 보군. 하긴 많은 것을 경험하지 못했으니 학생 티를 벗지 못하시겠지."

학력이 낮다는 공격에 상대방의 경험 부족을 지적하며 응수한 예다. 자신이 고졸이라는 것을 취약점으로 여기지 않고, 오히려 그만큼 경험이 많다는 것을 당당하게 내세운 것이다. 그리고 상대방의 그런 공격을 이해하는 것처럼 말함으로써 자신의 넓은 이해심까지 나타냈다.

그 대화를 듣는 사람들은 폭소까지는 아니더라도 평소 자신의 학력을 자랑하던 그 사람의 일그러진 표정을 보면서 통쾌

했을 것이다.

인신공격은 사람이 할 수 있는 가장 비열한 행동이다. 따라서 순간적으로 기분이 나쁘다고 해서 흥분해 버리면, 상대의 의도대로 움직이는 셈이 된다.

차라리 아무 말 없이 상대를 쳐다본다면 그 사람은 오히려 겸연쩍어 더 이상 말을 잇지 못할 것이다. 그리고 제삼자에게는 그 사람의 비열함이 더욱 드러나 보인다.

어떠한 비방의 말 앞에서도 흔들리지 않는 여유를 지녀야 한다. 여유가 있어야만 대응할 만한 적당한 말을 찾을 수 있다. 여유는 재치 있는 말을 낳는 최고의 어머니이다.

실수는 인정할수록 작아진다

'앗' 하는 순간에 이 대리는 자신의 실수를 알아차렸고, 그와 동시에 상사의 얼굴은 잔뜩 찌푸려지고 있었다. 상사는 곧 이 대리를 쳐다보면서 무슨 말인가를 하려고 했다.

당황한 이 대리는 상사의 얼굴을 보는 순간, 수많은 말들이 머릿속에서 뒤죽박죽 떠오르지만 정작 해야 할 말을 찾지 못하고 있었다.

실수 뒤에 나오는 말에는 그 사람의 성격과 더불어 인격까지 드러난다. 주변 사람들은 이 대리가 이 상황에 대처하는 방법을 보고 그를 판단할 것이다.

처칠이 수상과 국방장관을 겸하고 있던 때의 일이다.

북아프리카의 군사작전이 계속해서 난항을 겪고 있던 중,

하원에서는 그에 대한 불신임안이 제출되었다.

소명에 나선 처칠은 한 의원으로부터 당시 크게 논란이 되고 있던 '처칠 탱크'에 대해 질문을 받게 되었다.

처칠은 이렇게 대답했다.

"A22라는 탱크는 처음 생산되었을 때 무수한 결함을 지니고 있었습니다. 그래서 거기에 어울리는 이름으로 '처칠 탱크'라고 부르게 되었던 것입니다. 그러나 지금은 대부분의 결함이 고쳐졌고, 나는 이 탱크가 머지않아 매우 강력하고 유용한 무기가될 것임을 확신합니다."

그의 답변이 있은 뒤 의사당에서는 한바탕 폭소가 터졌다.

그리고 불신임 동의안은 결국 큰 표 차이로 부결되었다.

처칠이 자신의 실수를 인정하지 않고 변명만 하려 들었다면 의원들은 더 강하게 그를 문책했을 것이다. 그들은 처칠이 변명할 것이라고 예상하고, 그에 따른 다음 질문을 준비하고 있었다.

하지만 처칠은 먼저 자신의 실수를 인정했다. 자신들의 예상에서 빗나간 답변을 들은 의원들은 잠시 할 말을 잃어버리고 말았다. 그는 자신의 실수를 인정한 다음, 앞으로는 같은 실수를 하지 않고 더 열심히 일하겠다고 말하며 의원들을 자연스럽게 무마한 것이다.

회사에서의 업무도 마찬가지다. 시간을 끌고 있는 이 대리에게 상사는 화가 나서 한마디 던진다. "그거 오늘까지 끝내겠다고 한 것 아냐?" 상사의 질책에 이 대리는 당황한 나머지, "죄송합니다. 제가 시간이 없어서⋯⋯."라고 얼버무린다.

그러면 곧 상사로부터 "누구는 시간이 남아돌아서 이러고 있어? 시간 없는 건 다 마찬가지야!"라거나, 혹은 "난 놀고 있는 줄 알아? 자네만 바쁜 것 아니라고."라는 말을 듣게 될지도 모른다.

대개의 경우 사람들은 실수를 만회하기 위해 실수할 수밖에 없는 이유를 들어 상대를 납득시키려고 하지만, 듣는 사람은 변명으로밖에 받아들이지 않는다. 상대방이 변명으로 받아들인다는 것은 곧 자신의 말을 믿지 않는다는 의미이기도 하다.

하지만 자신의 실수를 솔직하게 인정한다면 상대방은 화를 내기보다는 차후의 상황을 어떻게 처리해야 하는지 의논하게 된다.

"죄송합니다, 부장님. 제가 미처 다 하지 못했습니다. 빠른 시간 내에 끝내도록 하겠습니다."

"그래, 언제까지 끝낼 수 있어?"

변명은 화를 부추기고, 사과의 말은 흥분을 가라앉힌다. 상대방이 화를 내는 것은 실수 자체 때문이 아니라 실수를 인정하지 않기 때문이다.

처칠처럼 자신의 실수를 재치 있는 말로 인정한다면 업무상의 간단한 실수는 충분히 무마시킬 수 있다.

유머에는 긴장된 분위기를 풀어주는 힘이 있다는 것을 다시 한 번 되새기고, 함께 웃으면서 서로의 마음을 열어보기 바란다.

상사가 직원의 실수를 다음과 같이 책망하고 있다.

"일을 이렇게 처리하면 어떻게 해? 자네 때문에 내가 얼마나 힘들었는지 알아?"

"정말 죄송합니다. 당장 쥐구멍을 찾아보겠습니다."

"뭐?"

"전 쥐구멍에 들어가도 할 말이 없습니다."

상사는 그 한마디로 직원이 진심으로 잘못을 뉘우치고 있다는 것을 알 수 있다.

동료 사이에서는 더 가볍게 말할 수 있다.

"일을 이렇게 하면 곤란하지."라고 말하는 동료에게 진심 어린 표정으로 "앗, 나의 실수가 여기 있었네. 한참 찾아다녔는

데, 찾아줘서 고마워. 밥 살게."라며 머리를 벅벅 긁는다면 그는 더 이상 추궁하지 않을 것이다.

　실수에 연연하지 말자. 그것은 이미 엎질러진 물이다. 실수 앞에서 당황하며 우물쭈물한다면 나중에 더 큰 실수를 저지를지도 모른다. 중요한 것은 지난 실수를 하나하나 따지는 것이 아니라, 앞으로 어떻게 하느냐이다. 정직하고 성실한 사람은 같은 실수를 두 번 반복하지 않는다.

긍정적인 사고가
재치 있는 생각을 낳는다

영업부 최 주임은 월말이 다가오면서 서서히 드러나는 실적 때문에 씁쓸하다. 나름대로 팀원들과 열심히 뛰어다녔지만 경쟁팀과는 눈에 띄게 차이가 벌어지고 있었다. 저절로 나오는 한숨에 이번엔 틀렸다는 생각이 들다가도, 그래도 끝까지 해봐야 한다는 생각도 든다.

실패가 눈앞에 보일 때 당신은 어떻게 생각하는 타입인가? 그저 망연자실하며 포기하는 쪽인가, 아니면 마지막 순간까지 노력하는 쪽인가?

『달과 6펜스』의 작가 서머싯 몸이 무명시절 때의 이야기다.

그가 책을 출판했는데, 출판사에서는 책이 잘 팔리지 않는다는 이유로 광고를 내지 않았다.

오랜 노력 끝에 책을 써냈는데 팔릴 기회조차 없어지자 서머싯 몸은 크게 실망하며 괴로워했다. 그렇게 며칠을 보낸 그는 책을 팔기 위해서 자비로 광고를 내야겠다고 결심했다.

적은 돈으로도 효과적으로 광고를 할 수 있는 아이디어가 필요했던 그는 이런저런 궁리 끝에 어느 날 신문사를 찾아가, 광고 문구를 적어 신문사 직원에게 전달했다.

다음날 아침 신문에는 다음과 같은 내용의 광고가 실렸다.

"마음 착하고 훌륭한 여성을 찾습니다. 나는 스포츠와 음악을 좋아하고 성격이 비교적 온화한 젊은 백만장자입니다. 제가 바라는 여성은 최근에 나온 서머싯 몸이 쓴 소설의 주인공과 모든 점에서 닮은 여성입니다. 자신이 서머싯 몸이 쓴 소설의 주인공과 닮았다고 생각되는 분이 있다면, 지체하지 마시고 즉시 연락해 주십시오."

광고가 실린 지 며칠이 지나지 않아 서머싯 몸의 책은 어느 서점에서도 찾아볼 수 없었다. 모두 팔리고 없었던 것이다.

이것을 계기로 그는 점차 유명한 작가가 되었다.

서머싯 몸은 멋진 아이디어로 실패 위기를 극복하였다. 만일 그가 자신의 책이 팔리지 않는다는 생각에 자책만 하고 있었다면 지금과 같은 명성을 얻지 못했을지도 모른다.

재치 있는 몇 마디 문구를 써서 그는 일약 베스트셀러 작가가 된 것이다.

긍정적인 사고 속에서 재치 있는 생각들이 떠오르고, 그것은 힘들고 어려울 때 더 큰 힘이 되어 돌아온다.

영업부 최 주임도 포기하지 않고 실적을 올릴 수 있는 자신만의 방법을 찾아본다면 한 달 실적 정도는 거뜬히 따라잡을 수 있을 것이다.

지금 포기하는 것은 어쩌면 더 큰 것을 놓치는 계기가 될 수도 있다.

기회는 자주 오지 않는다. 따라서 그때그때 최선을 다해 노력해야 한다. '다음에'라는 말은 기약 없는 말이다. 지금 이 순간 최선을 다하자.

거절한 땐 단호하게,
그러나 부드럽게 하라!

"제발, 한 번만 부탁할게. 내가 언제 이렇게 부탁한 적 있어? 없잖아? 사정 좀 봐주라. 나중에 꼭 보답할게."

이 대리는 안쓰러운 목소리로 신용보증을 부탁하는 친구를 매몰차게 거절하지 못하고 있다.

평소 그렇게 패기만만하던 친구가 오죽하면 나한테까지 이럴까 싶기도 하고, 그 많은 친구들은 어떻게 하고 나를 이렇게 곤란하게 만드나 싶은 마음도 든다. 친구 간에 매정하게 뿌리칠 수도 없고, 그렇다고 보증을 서는 것은 도무지 내키지 않아 거절하고 싶은데, 어떻게 말해야 할지 알 수가 없다.

일상생활에서 우리는 들어주기 힘든 부탁을 하는 사람들을 많이 만난다. 이럴 때 그 사람의 기분을 상하지 않게 하면서도 분명한 거절의 의사를 표시하려 하지만, 생각대로 잘 되지 않는다. 어떻게 해야 할까?

세계적인 극작가 아서 밀러가 여배우 마릴린 먼로로부터 프러포즈를 받았다.

"선생님의 뛰어난 머리와 저의 아름다운 육체가 결합한다면 가장 이상적인 아이가 태어나지 않을까요?"

그녀의 프러포즈에 아서 밀러는 이렇게 대답했다.

"반대로 나의 보잘것없는 외모를 닮은 아이가 나온다면 당신이 얼마나 실망할지 무척 염려스럽군요."

아서 밀러는 상대의 미모를 인정하면서 자신을 한껏 낮춰 우회적으로 프러포즈를 거절한 것이다.

사람들과 더불어 살아가다 보면 부탁하거나 부탁받을 일도 많고, 반대로 부탁을 거절하거나 거절당하는 경우도 허다하다.

대개 부탁은 힘들게 하고 거절은 쉽게 당하는데, 아무리 상대의 사정을 이해해도 거절당하면 일단은 섭섭한 것이 사람의 보편적인 심리다.

따라서 거절해야 한다면 최대한 상대방이 섭섭하지 않도록 배려하는 것이 무엇보다 중요하다. 거절당하는 것은 기분이 나쁘지만, 자신의 입장을 이해해 준다고 생각하면 마음이 한결 가벼울 것이다.

이 대리의 경우도 마찬가지다. 친구가 스스로 비굴한 생각이 들지 않게 거절해야 한다.

"그래, 네가 얼마나 어려우면 나에게까지 이런 말을 하겠어? 하지만 이런 일로 인해 우리 사이가 서먹서먹해지는 것은 원하지 않아. 잘못하면 이번 일로 우리 두 사람 다 곤란해질지도 몰라. 이것 말고 내가 도와줄 다른 일은 없을까?"

어차피 결과는 마찬가지이지만, "미안하지만 안 되겠다."라고 일언지하에 거절하는 것보다는 상대방의 마음이 훨씬 덜 상한다.

마음이 약해서, 혹은 나를 몰인정한 사람으로 몰아세울까 봐 거절을 못하고 내키지 않는 일을 한다면 오히려 더 큰 화를 불러일으키게 된다.

대뜸 부탁을 받아들여 놓고도 제대로 처리해 주지 못한다면 애초에 거절하는 것만 못하다. 게다가 굳이 내키지 않는 일을 억지로 떠맡다 보면, 일을 하면서도 부탁한 사람을 원망하게 되고 만다. 그리고 그 일이 있고 난 다음부터는 두 사람 사이가 전과 같지 않을 것이다.

마음 좋은 사람처럼 인식되었다가 나중에 신뢰를 잃는 것보다는 처음부터 하지 못할 일은 상대방이 잘 납득할 수 있도록 거절하는 것이 대인관계를 계속 지속시킬 수 있는 길이다.

상대의 감정을 손상시키지 않으면서 적절하게 거절하는 것도 복잡한 인간관계에서 꼭 필요한 기술이다.

거절은 인간관계의 끝이 아니다. 오히려 더욱 확실한 관계를 만들 수 있다.

당장은 껄끄럽겠지만 한 번 잃어버린 신용을 다시 찾기는 어렵다는 것을 명심하고, 자신에게 무리라고 생각되는 부탁은 용기를 갖고 확실하게 거절하자.

주목받는 사람이
되기 위한 10가지 비법

같은 말을 해도 어떤 사람이 하느냐에 따라 주위 사람들의 반응이 달라진다. 왜 그런 것일까? 어떤 사람은 한마디만 해도 항상 관심의 대상이 되고 주목을 받는데, 왜 나는 그렇지 못한 것일까?

이제 그와 같은 고민을 털어버려도 된다. 여기 주목받기를 원하는 사람들을 위한 10가지 비법이 있다.

난 원래 인기 없는 사람이라고 투덜대지만 말고, 다음 10가지 비법을 적극적으로 활용해 보자.

1. 거짓말을 하지 않는다. 사람들에게 신뢰를 주지 못한다
   면 결코 주목받을 수 없다.
2. 남의 험담을 하지 않는다. 험담보다는 칭찬을 잘해야 한다.

3. 얼굴에 항상 미소를 띠고, 잘 웃는다. 미소 자체는 잠깐 이지만 그 이미지는 상대의 뇌리에 영원히 남는다.

4. 겸손한 자세를 유지한다. 잘난 척하는 사람의 주위에는 아무도 모이지 않는다.

5. 신경질을 내지 않는다. 여름철 날씨처럼 변덕이 심한 사람은 주위 사람의 기분까지도 망친다.

6. 밝은 표현을 많이 한다. 밝은 표정에 밝은 목소리로, 밝은 내용의 말을 하면 밝은 사람으로 기억된다.

7. 자기를 적극적으로 알린다. 말 안 하고 가만히 있으면 아무도 나를 몰라준다.

8. 조건 없이 사람들을 좋아한다. 나를 좋아하는 사람만 좋아한다면, 대인관계의 폭은 그만큼 좁아진다.

9. 자신의 허점을 적당히 노출시킨다. 완벽한 사람은 존경 받을 수는 있어도, 호감을 불러일으키지 못한다. 그러나 중대한 결점을 노출시키면 무시당할 수도 있으므로 조심해야 한다.

10. 대화할 때 개인적인 화제를 끌어낸다. 취미, 가족, 건강 등의 화제는 친밀감을 높이는 가장 빠른 길이다.

PART 2
상대의 마음을 사로잡는
유쾌한 대화법

유쾌한 아침 인사는
즐거운 하루를 보장한다

인사말은 안면 있는 사람과는 친밀감을 확인하는 말로, 처음 만나는 사람과는 대화를 이끌어 내는 말로 사용된다.

'안녕하십니까?'라는 한마디에는 많은 의미가 포함되어 있으며, 이러한 인사는 대인관계를 형성하고 유지하는 데 중요한 역할을 한다.

인사말은 가장 흔하면서도 가장 중요한 말인 것이다.

정 과장은 아침마다 사무실에 들어오면서 활기차게 인사한다. "좋은 아침입니다."라는 그의 한마디로 사무실 사람들은 활기찬 하루를 예감한다.

하지만 김 과장은 늘 찌푸린 얼굴로 출근한다. 교통대란을 겪었는지, 아침부터 안 좋은 일을 당했는지 얼굴을 활짝 펴고

들어오는 날이 드물다.

옆에 앉아 있는 동료가 웃으면서 "무슨 안 좋은 일이라도 있나?" 하고 말을 걸면 엉뚱한 사람에게 짜증을 내는 바람에, 결국 동료는 무안해하며 고개를 돌리고 만다. 자연히 주위 사람들도 눈살을 찌푸리게 된다.

김 과장의 짜증으로 인해 다른 사람들까지 아침 기분을 상하고 마는 것이다.

그런 김 과장의 하루가 좋을 리 없다. 직원들은 '아침부터 왜 저래?'라고 생각하며, 되도록이면 그에게 말을 걸려고 하지 않는다.

더욱이 이런 일들이 자주 반복되면 주변 사람들은 김 과장과의 대화를 점점 꺼리게 되어, 그의 주위에는 사람들이 모여들지 않게 된다.

동료들 간의 간단한 아침 인사 하나로도 하루의 기분이 얼마든지 바뀔 수 있다. 아침을 기분 좋게 시작하면 하루 종일 즐겁게 일할 수 있지만, 기분 나쁘게 시작하면 왠지 하는 일마다 잘 안 풀리는 것 같다.

특히, 리더의 위치에 있는 사람일수록 밝게 인사를 건네야 한다. 아침부터 찡그린 리더의 얼굴은 그 사무실 전체의 분위기를 가라앉게 하기 때문이다. 이렇게 되면 직원들의 능률 또한 저하된다. 그들은 '하루빨리 상사에게서 벗어나고 싶다.'는 생각으로 하루를 보낸다.

이처럼 아침 인사 한마디가 자신뿐 아니라 동료들의 하루를 즐겁게도, 짜증나게도 할 수 있기 때문에 하루를 여는 아침 인사만은 누구든 기분 좋게 시작해야 한다. 매일 하는 아침 인사라고, 혹은 매일 보는 사람이라고 그냥 지나치기보다는 가벼운 인사 한마디로 좋은 하루를 약속하는 것이다.

간혹 인사를 받지 않고 그냥 지나치는 사람들이 있는데, 경우에 따라서는 당신에 대한 상대방의 감정이 좋지 않아서 그럴 수도 있고, 혹 다른 생각에 빠져 못 보고 지나쳤을 수도 있다.

이때 '뭐 저런 사람이 다 있어?'라고 기분 나쁘게만 받아들이지 말고 조금 더 큰 소리로 "안녕하십니까?" 하고 외쳐라. 그러면 상대방은 답례의 인사를 하지 않을 수 없을 것이다.

말을 걸기 힘든 사람이나 불편한 관계에 있는 사람에게도 매일 이런 식으로 인사를 한다면, 그들의 마음을 쉽게 열 수 있다. 간단한 인사 한마디로 관계가 돈독해지는 것이다.

많은 세일즈맨들이 이러한 방법으로 새로운 고객을 만든다. 어려운 상대일수록 씩씩하게 인사를 하자. 밝은 인사는 가장 훌륭한 접근 방법이다.

특히, 아침 인사는 하루를 시작하는 마음가짐을 나타낸다. 시작이 좋으면 모든 것을 긍정적으로 바라볼 수 있게 된다. 즐거운 하루를 위해서라도 첫인사는 밝게 하자.

마음을 감싸 주는 따뜻한 말
한마디를 할 줄 아는 사람이 되라!

직장생활은 흔히 톱니바퀴로 표현되곤 한다. 다양한 부서 속의 다양한 팀, 이런저런 거래처들을 톱니바퀴로 비유하고, 거기에서 일하는 사람들을 많은 톱니바퀴 속의 작은 톱니에 비유하는 것이다.

많은 사람들이 어울려 일을 할수록 그들 간의 유대관계는 더욱 중요해진다. 얼마나 팀워크가 좋으냐에 따라 업무 성과도 달라지기 때문이다.

따라서 늘 대하는 사람들이라고 해서 자기의 감정대로만 말할 것이 아니라, 조금 언짢은 일이 있더라도 서로서로 배려해 주는 것이 더불어 살아가는 지혜이다.

지방으로 파견 나간 김 대리는 그곳 사람들과 어울리기 위해 집들이를 하기로 결정했다. 새로운 동료들은 일을 마치고 작업복을 갈아입은 후 집들이에 참석했다.

그런데 한 동료는 급한 일 때문에 미처 옷을 갈아입지 못하고 작업복 차림으로 오게 되었다.

그 동료는 김 대리의 아내에게 이렇게 인사했다.

"사모님, 작업복 차림으로 와서 정말 죄송합니다."

그 말에 김 대리의 아내는 방긋 웃으며 이렇게 말했다.

"어머나, 작업복도 멋있는데요. 원래 옷걸이가 좋으셔서 그런가 봐요."

작업복 차림으로 온 동료는 김 대리 아내의 상냥한 한마디에 편안한 마음으로 집들이에 참여할 수 있었다.

만약 그녀가 "괜찮아요."라고 짧게 대답하고 말았다면, 그 사람은 집들이하는 동안 내내 자신의 작업복에 신경 쓰느라 제대로 어울리지도 못했을 것이다.

'괜찮아요.'라는 말은 의례적인 말로밖에 들리지 않는다. 의례적인 말은 결코 감동을 줄 수 없다. 상대방에게 그 의미가 제대로 전달되기보다는 그저 허공을 떠다니는 말이 되고 만다.

이런 면에서 이 과장은 오늘도 돌이킬 수 없는 실수를 저질렀다.

"뭐야? 이 서류 아직도 안 된 거야?"

부하 직원이 미안한 듯 고개를 숙이며 대답했다.

"죄송합니다. 아직까지 끝내지 못했습니다."

"오늘까지 끝내야 한다고 도대체 몇 번이나 말했어? 야근이라도 해서 끝내."

이 과장은 자신의 지시가 이루어지지 않은 데 대한 분노로 부하 직원을 다그치고 말았다.

이쯤 되면 그 부하 직원이 과연 서류 작업을 제시간에 끝낼 수 있을지, 또 끝낸다 해도 일을 제대로 했을지 의문이다.

부하 직원은 자신의 잘못을 알고는 있지만, 이 과장의 질책에 기분이 상할 수밖에 없다. '그렇게 급한 거라면 미리 준비해야지. 왜 이제 와서 나만 달달 볶는 거야?'라는 변명과 원망이 머릿속에 가득 차, 야근을 해도 능률이 오르지 않는다.

만일 이 과장이 "이 서류 정말 급한 거야. 내가 늦게 지시해서 미안하네만, 가능하면 오늘까지 끝내 주지 않겠나? 내일 아침 일찍 필요한 서류라서 말이야. 자네만 믿겠네."라고 말한다면 부하 직원도 기꺼이 좋은 마음으로 일을 할 것이다.

상사가 자신을 믿는다고 말하면 굳이 야근하라고 하지 않아도 그 믿음을 저버리지 않기 위해서 늦게까지 남아 즐거운 마음으로 최선을 다하게 된다.

어차피 야근을 해야 하는 것이라면 자발적으로 하도록 만드는 것이 말의 묘미다. 이럴 때는 먼저 상대방의 기분을 배려해 준 뒤 차근차근 설명한다면 더 큰 성과를 거둘 수 있다.

"이렇게 실수하면 어떻게 해?"라는 말보다는 "한 번 실수는 병가상사兵家常事래. 조심하자고."가 더 듣기 좋고, "헤어스타일이 그게 뭐냐!"라는 말보다는 "헤어스타일 정말 멋있네. 그런데 직장에서 너무 튀면 곤란한 일이 발생하지 않을까?"가 훨씬 듣기 좋다.

다른 사람의 실수를 이해하고 포용하는 말은 상대방에게 큰 힘이 된다. 특히, 직장생활에서는 얼마나 많은 사람을 포용할 수 있느냐가 자신의 미래를 좌우한다. 상대방과 좋은 유대관계를 만들고 싶다면 친절한 배려의 말을 해주자.

상대방을 따뜻하게 감싸 주는 사람의 주위에는 많은 사람들이 모여들기 마련이고, 그것이 곧 성공의 밑거름이 된다.

질책보다는 칭찬을 먼저 하라!

실수에 대한 질책은 누구나 할 수 있다. 하지만 질책하는 방법은 사람마다 다르다. 그 자리에서 큰 소리로 질책하는가 하면 조용조용 설득하는 사람도 있다.

누군가 실수를 했을 때는 유머로 질책하는 것도 좋지만, 상대방을 칭찬하면서 질책하는 것도 좋은 방법이다.

최 대리가 패기만만하게 추진하던 프로젝트가 결국 실패로 끝났다. 그로 인해 그는 깊은 실의에 빠지고 말았다.

최 대리의 상사인 이 부장은 프로젝트가 실패한 원인을 분석해 보았다. 그 결과 좀 더 신중하지 못했던 데에 원인이 있음을 알았다.

최 대리는 자신에게 맡겨진 첫 번째 임무에서 좋은 결과를 내고 싶은 마음에 조금 들떠 있었던 것이다. 그래서 차분히 일을 처리하지 못했다.

하지만 이 부장은 프로젝트를 수행하는 과정에서 최 대리가 보여준 강한 추진력에 깊은 인상을 받았다.

그는 입가에 미소를 지으며 최 대리를 불렀다.

"이번 일로 나는 자네의 추진력을 높이 사게 되었네. 그 점만은 누구에게도 지지 않겠더군. 다음에는 그 추진력에 신중함만 더하면 충분히 성공할 거라고 믿네."

말이라는 것은 정말 오묘하다. 같은 질책의 소리를 해도 칭찬과 더불어 하면 질책이 아닌 칭찬으로 들린다. 큰 질책을 각오하고 있던 최 대리도 이 부장의 칭찬에 감동하지 않을 수 없었다. 일단 감동을 받은 상태에서는 질책의 말을 듣더라도 크게 마음이 상하지 않기 때문에, 금방 실의에서 벗어나 다음 일에 열심히 매진할 수 있다.

상대를 질책하기 이전에 해야 할 일은 상대의 실패 속에서 장점을 찾아내는 것이다.

실패는 대개 업무 진행 과정 중 어느 한 부분을 소홀히 해서 발생하는 것이지, 과정 전체가 잘못되어 일어나는 경우는 드물다. 그리고 그 과정을 더듬어 올라가다 보면 격려하고 장려해야 할 부분이 분명히 있을 것이다.

질책을 칭찬으로 바꾸기 위해서는 대단한 인내심과 함께 상대방에 대한 깊은 애정이 필요하다. 애정 없이는 장점을 발견할 수 없기 때문이다.

앞으로 쭉 함께 일해야 하는 사람이라면 그 사람에 대한 애정을 가져야 한다. 애정을 갖는다면 질책의 소리도 칭찬으로 바꿔 말하기 쉽고, 칭찬의 말도 진심에서 우러나온다.

만일 칭찬을 하는 데 있어서 야유나 조롱이 섞여 있는 듯한 목소리라면 가뜩이나 풀이 죽은 상대방에게 더욱 큰 상처를 준다. 반면에, 진심에서 우러나온 칭찬은 상대방이 앞으로 일을 진행하는 데 있어서 같은 실수를 되풀이하지 않도록 하는 원동력이 될 것이다.

하지만 칭찬의 말이라고 아무렇게나 해서는 안 된다. 어떻게 칭찬하느냐에 따라 전혀 다른 내용의 말이 되기 때문이다. 칭찬을 이용한 질책에는 요령이 필요하다.

"자네의 패기는 정말 대단하네. 그런데 거기에 신중함이 더해지면 더욱 좋겠네."

이 말은 칭찬의 말임에는 틀림없지만 받아들이는 사람의 느낌은 크게 다르다.

바로 '그런데'라는 한 단어 때문이다. 이런 접속사는 사용하지 않는 것이 좋다. 한참을 칭찬하다가 갑자기 '그런데' 혹은 '그러나'라고 말해 버리면 듣는 사람은 이내 맥이 빠진다. 결론적으로 질책이 되고 마는 것이다.

"자네는 서류를 잘 작성하는군. 이 부분에 이런 내용을 삽입한다면 더욱 좋겠네."

같은 말이라도 '그런데', '그러나'가 빠짐으로써 말 전체가 칭찬의 말로 들린다. 그래서 질책을 듣는 사람도 기꺼이 충고를 받아들이며 즐거운 마음으로 서류를 수정한다.

거기에 "고생했다."는 말을 덧붙이거나 자신의 실수담이라도 이야기해 준다면, 당신은 상대방에게 최고의 동료, 상사, 혹은 친구가 될 수 있다.

사회생활은 흔히들 냉정하다고 한다. 하지만 내가 먼저 주위 사람들에게 따뜻한 관심을 보이면 그들은 더 이상 냉정한 동료들이 아니다.

거대한 조직 사회 속에서 서로를 보듬어 줄 수 있는 사람을 많이 만드는 것이 곧 성공의 밑거름을 다지는 길이다.

질책은 잠시
미뤄두어도 괜찮다

이 과장은 오늘 기분이 상당히 안 좋다. 아침부터 컨디션이 좋지 않더니, 자신의 부하 직원마저 실수를 저지르고 말았다.

게다가 간단하게 충고를 한다는 것이 화난 마음에 무턱대고 큰 소리를 내고 말았다.

하루 이틀 지낸 사이도 아니니 이해하겠지 싶지만 이 과장은 기분이 썩 개운치 않다. '좀 심했나?'라는 생각이 들기는 하지만 '뭐, 실수한 사람이 잘못한 거니까 그 정도는 이해하겠지.'라고 스스로를 위로한다.

물론, 그 직원은 자신의 실수를 인정한다. 하지만 '그렇게까지 말해야 했나?'라는 원망은 가시지 않아, 그 또한 하루 종일 기분이 좋지 않다. 과장의 마음은 이해하지만 그래도 서운한 감정은 어쩔 수 없는 것이다.

어느 사무실에서 회의를 하고 있을 때였다.

김 부장이 한참을 진지하게 말하고 있는데 갑자기 휴대폰 벨 소리가 울렸다. 김 부장은 하던 말을 멈추고 순간 눈살을 찌푸렸다.

경망스럽게 울리는 휴대폰 벨 소리에 직원들은 민망한 표정으로 눈치를 살피는데, 한 말단 직원이 당황한 표정으로 급하게 휴대폰을 껐다.

이를 지켜보던 정 과장이 직원에게 한마디 하려는 순간 김 부장이 이렇게 말했다.

"토론이 필요한 시간에는 잠시 꺼두셔도 좋습니다."

긴장된 회의실 분위기는 일순간 웃음바다를 이루었다. 사원들은 김 부장의 재치에 감탄하지 않을 수 없었다. 심한 질책의 말이 나올 것이라는 예상을 깨고 충고를 우회적으로 담은 말이 나온 것이다.

요즘 시도 때도 없이 울리는 휴대폰 벨 소리 때문에 이런 일은 어디서나 흔히 볼 수 있다. 이때 사람들은 대부분 너나없이 큰 소리로 "아, 참, 회의시간에 누구야?"라고 말한다.

하지만 김 부장은 휴대폰의 주인인 직원의 얼굴을 먼저 보

왔다. 그 직원은 자신의 부주의로 회의 분위기를 망친 사실에
어쩔 줄을 모르고 있었다.

그런 그에게 화를 내면 회의 분위기는 더욱 무거워지고, 그
렇게 되면 창의적인 생각들도 나올 수 없으므로 기지를 발휘해
서 무거운 분위기를 부드럽게 바꾸고자 한 것이다.

김 부장은 실수로 인해 당황하고 있는 그 직원에게 더 이상
질책의 말이 필요 없다는 것을 알고 있었다.

그 뒤 김 부장에 대한 그 직원의 신뢰가 두터워진 것은 말할
것도 없다.

우회적인 충고는 서로의 마음을 다치지 않고 더욱 신뢰할
수 있게 한다. 더욱이 그 말이 유머러스하다면 분위기까지 밝아

져, 질책의 말도 기분 좋게 받아들이게 된다.

예를 들면, 품행이 좋지 못한 사람과 가까이 지내는 친구에게 조언을 해야 할 경우가 있다. 이럴 때 "충고 하나 할까? 그 사람 별로 좋은 사람이 아니야. 가까이 지내는 건 삼가는 게 좋아."라고 말하는 것보다, "백로가 어떻게 까마귀랑 놀 수 있나?"라고 말한다면 상대방의 인격을 높이는 동시에 충고도 하는 효과가 있다.

말이라는 것은 하기 나름이다. 처음에 언급한 이 과장도 직원의 실수를 직접적으로 충고하기보다는 우회적으로 말했다면 자신의 기분도 그다지 언짢지 않고, 부하 직원 또한 이 과장의 충고를 흔쾌히 받아들였을 것이다.

스스럼없는 사이라고 함부로 말하지 말고, 충고의 말을 하기 전에 한 번 더 생각해 보자. 우회적인 충고는 자신의 지도력을 높일 수 있는 좋은 기회를 만들어 준다.

상대방의 관심 분야를
먼저 파악하라!

"자네 ○○사이트에 들어가 보았나? 거기에 들어가
면 굉장히 유익한 정보들이 많아. 어떻게 들어가냐면…….."

"요즘에는 인터넷을 잘 이용해야 성공한다고. 벤처기업들
잘 나가는 거 봐. 그 회사들이 괜히 돈 벌겠어? 볼 만한 것들을
얼마나 많이 제공하는데…….."

이 대리는 아무리 이야기를 해도 지치지 않는다. 자신이 가
장 좋아하고 잘 알고 있는 것들을 이야기하기 때문이다.

자신이 아는 정보를 누군가에게 알려 주거나 가르쳐 주는
일은 재미있다. 자신이 상대방보다 더 많이 알고 있다는 우월감
이 어느 정도 작용하는 것이다.

하지만 문제는 이야기를 듣는 사람이다.

이 대리의 동료들은 인터넷 사이트에 대해 조금은 관심이

있었기 때문에 그의 말을 처음에는 호기심을 가지고 들었다. 하지만 계속 듣다 보면 짜증만 나고 무슨 소리인지 알 수가 없다.

이 대리는 자신의 흥에 빠져 도무지 듣는 사람의 입장을 생각하지 않는 것이다. 거기에 전문 용어까지 섞어서 설명하면 듣는 사람은 이 대리가 많이 알고 있다는 것 외에는 어떤 정보도 얻을 수 없다.

괜히 "그건 뭔데?"라고 한마디 했다가 자신의 무지가 드러나는 것도 두렵지만, 그에 대한 이 대리의 반응이 더 걱정스럽다. 아마도 이 대리는 그 전문 용어에 대해 또다시 길고 긴 연설을 할지도 모르기 때문이다.

이쯤 되면 이 대화는 무의미해지고 만다. 대화가 커뮤니케이션의 기능을 발휘하지 못하고 독설毒舌이 되어버리는 것이다. 굉장히 유익한 정보임에도 불구하고 듣는 사람의 관심 밖의 이야기를 늘어놓기 때문이다.

대화의 주 목적은 커뮤니케이션이다. 즉, 서로 의견을 주고받기 위해 대화하는 것이므로 공동의 화제가 있어야만 원활한 대화를 나눌 수 있다.

하지만 처음 만나는 사람의 경우는, 관심사가 무엇인지 파악하기 힘들다. 그래서 서로 통할 수 있는 이야기를 찾아 이것저것 질문도 하고 대답도 하게 된다.

"혹시 운동하세요?"

"예. 스쿼시 좀 하는데요."

"아, 저도 스쿼시 하는데, 주로 어디서 하세요?"

이야기가 이쯤 진행되면 초면이라도 즐겁게 대화할 수 있다. 서로가 서로에게 도움이 될 만한 정보를 지녔기 때문이다.

하지만 공통된 화제를 찾지 못하고 각자 아는 이야기만을 늘어놓는다면 그것은 이미 대화가 아니라, 청중이 하나도 없는 공허한 독백에 지나지 않는다.

대화는 상대방이 즐겁게 받아들일 만한 화제로 끌고 나가야 서로에게 유익한 시간이 된다.

물론 혼자서 일방적으로 말을 하게 될 수도 있다. 이 경우는 상대방의 기호에 맞춘 화제일 때만 가능하다. 상대방이 좋아할 만한 화제로 얘기한다면 다소 길어지더라도 듣고 싶었던 이야기였기 때문에 전혀 지루하게 생각하지 않으며, 간혹 맞장구까지 쳐주게 된다. 아무리 길게 이야기를 끌고 나가도 상대방에게는 즐거운 대화가 되기 때문에, 이야기를 들려주는 사람을 한층 더 편하게 생각하게 되는 것이다.

두 사람 사이에 공통된 화제가 없다면, 상대가 모르는 분야에 관해 설명해 줌으로써 새로운 화제를 제시할 수도 있다. 그러나 그런 화제는 상대방의 관심을 끄는 정도로만 끝내야 한다. 아무리 클래식의 대가라도 팝을 좋아하는 사람 앞에서 클래식의 이론적인 부분까지 깊이 파고드는 것은 상대를 무시하는 태도이다.

함께 음악을 즐기는 사람으로서 공감할 수 있는 정도에서 클래식에 대해 간단하게 대화를 나누어야 한다. 그렇게 된다면 상대방은 새로운 정보를 얻는 기쁨을 가질 수 있게 된다. 물론 클래식을 이야기한 사람은 상대방의 팝 이야기를 들어줄 준비도 해야 한다. 상대방에게도 말하는 기쁨을 줘야 하는 것이다.

만나는 사람에 따라 화제를 다르게 준비하자. 만물박사가 될 수는 없지만, 상대방을 위해 필요한 정보를 준비하다 보면 많은 상식을 쌓을 수 있어 자신에게도 유익한 시간이 된다.

또한 준비한 화제로 서로가 함께 즐길 수 있다면 대화는 그만큼 서로에게 만족스러운 결과를 안겨주어, 다음 만남도 기대하게 된다.

사람들은 각자의 생활환경이 다르고 생각하는 관점도 다르다. 따라서 어떤 이야기를 하느냐에 따라 대화의 분위기는 달라진다. 무엇을 말하느냐에 따라서 상대방과의 관계가 결정되는 것이다.

서로 즐겁게 공감할 수 있는 화제를 찾아낸다면, 두 사람의 관계도 그만큼 친밀하게 발전할 수 있다.

상대방의 가치를 높여주면
당신의 가치도 올라간다

누군가와 의견 대립이 생겼을 때, 사람들은 알게 모르게 상대방의 자존심을 짓밟으면서까지 자신의 의견을 무리하게 주장하는 경우가 있다. 때로는 '네가 뭔데 나를 이기려고 해?'라는 생각으로 상대방에게 자신과의 경쟁조차 허락하려 하질 않는다.

하지만 상대방의 가치를 낮추는 행위는 사람들에게 적대감만 심어줄 뿐이며, 그 적대감의 결과는 고립이다.

잘났든 못났든 사람이라면 누구나 자기 자신을 소중하게 생각한다. 그리고 자신이 하는 일에 많은 가치를 부여하고, 남들도 그렇게 생각해 주기를 바란다.

그렇기 때문에 다른 사람들이 자신의 가치를 어떻게 평가하는지에 대해서도 관심을 갖게 된다.

간혹 "남들이 뭐라고 해도 상관없어."라고 말하는 사람들도 있지만, 이들도 자신을 무시하는 말을 들으면 얼굴이 굳어진다. 상관없다고 하면서도 귀에 거슬리는 말은 누구나 듣기 싫은 것이다.

남태평양에 있는 어느 작은 섬에는 남자가 결혼할 때 암소로 신부의 값을 치르는 풍습이 있었다.

이 섬에는 부자이며 잘생기고 똑똑한 청년이 있었다.

그는 암소 서너 마리 정도면 어떤 여자든 아내로 맞이할 수 있는데도, 별로 예쁘지도 않고 매력도 없는 여자를 암소 여덟 마리나 주고 아내로 삼았다.

사람들은 그를 가리켜 쓸데없이 허세를 부리는 어리석은 자라고 비웃었다.

그러나 시간이 흐를수록 사람들은 청년의 판단이 현명했다는 것을 깨닫게 되었다. 사랑스러운 구석이라고는 조금도 없었던 새색시가 어찌된 영문인지 시집을 오고 나서부터 아름다워지고 우아해졌다.

하루는 마을 사람이 신랑에게 그녀가 그토록 눈부시게 변한 까닭을 물었다.

그러자 신랑은 얼굴에 미소를 띠면서 말했다.

"자신의 값을 싸게 치른 남자에게 시집간 여자의 심정을 생각해 보신 적이 있으십니까?"

"???"

"어떤 여자는 암소 네 마리를, 어떤 여자는 암소 여섯 마리를 받고 결혼을 하기도 합니다."

"그게 어떻다는 말인가? 정당한 대가를 주고 여자를 데려왔는데…….'

"암소 한두 마리에 시집온 여자들의 심정이 어떻겠습니까?"

"그럼, 자네는 자네의 아내를 행복하게 해주기 위해 암소를 여덟 마리나 주고 결혼했다는 말인가?"

"그렇습니다. 저는 아내가 행복해지기를 진실로 바랐습니다. 저는 아내를 사랑하고 아내와 꼭 결혼하고 싶었습니다. 그리고 암소 여덟 마리의 가치가 있는 아내를 원했습니다."

상대방의 가치를 진정으로 인정하고 이해해 준다면 그 사람 역시 받은 만큼 되돌려 주기 위해 노력한다.

상대방의 가치를 평가절하하기 전에 잠깐 생각해 보자. 과연 이 사람에게 이런 말을 해서 얻을 수 있는 이익이 무엇인가?

하지 않아도 될 말을 해서 쓸데없이 상대방의 미움을 살 필요는 없다. 굳이 해야 한다면 상대방의 가치를 높여주는 말을 하자.

모름지기 사람이 자신의 가치를 인정받으면 뿌듯해지는 것은 당연하다.

'저 사람은 나를 인정하는구나. 난 역시 재능이 있어. 다른 사람은 그것을 발견하지 못하는 것뿐이야.'라고 자신감을 갖게 된다.

그리고 "저 사람은 보는 눈이 있어. 틀림없이 뛰어난 능력의 소유자야."라며 덩달아 상대방을 치켜세우게 된다. 나를 인정해 주는 것 이상으로 상대를 인정하는 것이다.

그렇게 되면 상대에게 호감을 가지게 되고, 앞으로도 그 사람이 부탁하는 일은 최선을 다해 처리하게 된다.

이렇게 사람의 가치를 인정하는 말은 상당한 효과를 발휘한다.

말 한마디로써 베푸는 기쁨과 함께 좋은 평판을 얻고, 일 처리도 순조롭게 하는 효과를 보는 것이다. 또한 상대의 가치를 높여줌으로써 나의 가치도 더불어 높이고, 상대가 나를 좋아하도록 만들 수 있다.

말할 때나 행동할 때 나보다는 상대방을 먼저 배려하며, 상대방이 얼마나 중요한 사람인지를 일깨워 주자.

직장 동료에게는 "정말 고마워. 역시 이 일엔 자네가 최고야. 나에게 자네 같은 동료가 있어서 정말 다행이야."라는 말로, 친구에게는 "너와 대화를 하면 기분이 좋아져. 넌 사람의 마음을 편하게 하는 재주가 있어."라는 말로 상대방의 가치를 높여 주자.

아이들에게도 "네가 내 아들이라는 것이 기쁘다."라는 말로 어깨를 으쓱하게 만들 수 있다.

사람은 돈보다는 자신의 가치를 높이기 위해 열심히 일한다. 그것을 잘 알고 활용하는 사람은 대인관계에서 절반의 성공을 이룬 것이나 다름없다.

마지막으로, 어느 작가의 말을 인용해 보겠다.

"사람에게는 그 누구라도 상대방을 위축시키는 말이나 행동을 할 권리가 없다. 중요한 것은 내가 그 사람에 대해서 어떻게 생각하느냐가 아니고, 그가 자기 자신을 어떻게 생각하느냐이다. 사람의 존엄성에 상처를 주는 것은 죄악이다."

지금 그대로가 아름답다고
말할 수 있는 사람이 되라!

우리는 모두 장점과 더불어 단점도 지니고 있다. 장점은 별다른 문제가 되지 않지만, 단점은 누구에게나 큰 고민거리가 아닐 수 없다. 하지만 사람인 이상 '이런 점만 없으면 좀 더 괜찮은 사람이 될 수 있을 텐데.'라는 아쉬움이 생기는 부분이 있게 마련이다.

사람들이 생각하는 각자의 단점은 매우 다양하다.

동료보다 나이가 많은 사람은 언제나 자신의 나이가 마음에 걸린다. "난 너무 늦게 시작한 것 같아. 이 나이에 무슨……." 이라는 푸념을 늘어놓는다.

누가 보아도 흠 잡을 데 없는 완벽한 미인마저도 "코가 너무 높아서 불만이다."라고 말한다.

단점은 그 사람에게는 최대의 약점이다. 상대가 부끄러움을 무릅쓰고 자신의 단점을 얘기했는데, "쓸데없는 걱정 말고 열심히 일이나 합시다."라고 일축해 버린다면, 듣는 사람은 자존심에 커다란 상처를 입게 된다.

말한 사람은 그런 것에 신경 쓰지 말라는 뜻으로 말했을지 몰라도, 듣는 사람의 입장에서는 성의 없는 말인 것 같아 기분이 상한다. 그리고 자신을 이해하지 못하는 사람으로 여기고 더 이상 그와 속 깊은 대화를 나누려고 하지 않는다.

간혹, 상대방의 단점 때문에 그 사람이 싫어질 때가 있다. 행동 자체가 늦다거나 말을 잘 못한다거나 혹은 가난하다는 등의 이유를 들어 꺼리는 경우가 있는 것이다.

하지만 세상에 단점 없는 사람은 없다. 눈에 보이는 단점만으로 상대방을 평가해서는 안 된다. 그 사람이 지닌 장점은 보지 못한 채, 단점만을 가지고 일방적으로 매도하는 것만큼 어리석은 것은 없다.

세상의 일은 앞으로 어떻게 흘러갈지 모른다. 언젠가는 자신을 싫어하던 사람에게서 도움을 받아야 할 때가 올지도 모른다.

또한, 상대방이 싫다고만 생각하면 그 사람과의 관계는 계속 껄끄러울 수밖에 없다. 어차피 만나야 하는 사람이라면 그 사람과의 관계를 우호적으로 만들려는 노력이 필요하다.

가령, 나이로 고민하는 동료에게는 이렇게 말해 줄 수 있다.

"나이가 많다는 것은 경험이 많다는 거잖아요? 그만큼 우리보다 실수할 확률이 적고, 더 유리한 상황에서 시작할 수 있잖아요?"

동료는 이렇게 말하는 당신을 결코 싫어할 수 없다. 단점을 오히려 장점으로 바꾸어 말하면 상대에게는 뜻하지 않은 기쁨을 주게 되고, 그 말을 한 당사자도 뿌듯한 기분이 들게 된다.

아무리 단점투성이의 사람이라고 하더라도 보는 시각에 따라 그것은 장점이 될 수도 있다. 업무 처리가 느린 사람은 그만큼 꼼꼼할 수 있고, 말을 잘 못하는 사람은 쓸데없는 말을 많이 하는 사람보다 신중할 수 있다.

사람을 대할 때 그 사람의 단점을 단점으로만 바라볼 것이 아니라, 그 속에서 긍정적인 면을 찾는다면 훨씬 우호적으로 말할 수 있다.

내가 그 사람을 싫어하면 그 사람도 나를 싫어한다. 미워하는 사람일수록, 잘 보이는 단점은 감싸 주고 안 보이는 장점을 찾는 노력이 필요하다.

장점을 보려는 노력만으로도 상대방과의 관계는 좋은 방향으로 발전할 것이다.

낯선 사람과의 대화는
일상적인 화제로 시작하라!

때론 이름조차 모르는 사람을 만나야 할 때가 있다. 특히 영업 사원들은 본 적도 들은 적도 없는 사람들을 만나 대화를 나누는 경우가 많다.

낯선 사람과 마주앉으면 특별히 말주변이 좋지 않은 다음에야 중간 중간 어색한 침묵이 생기게 마련이고, 한마디 하고 나서 머쓱한 표정을 짓기 쉽다. 어서 빨리 이 자리를 떠났으면 하는 생각만 든다.

상황이 이렇게 되면 그 자리는 피차간에 부담을 안고 끝내게 된다.

이렇게 어색한 자리에서는 도대체 어떻게 대화를 풀어가야 할지 잘 몰라서 고민해 본 적이 있을 것이다.

이때 부담스럽다고 계속 긴장한 얼굴로 바라본다면 상대방은 더더욱 마음을 열지 않는다.

이럴 때는 표정 관리를 잘해야 한다. 비록 마음은 전혀 즐겁지 않더라도, 우선 얼굴에 미소를 띠고 가장 일상적인 화제를 꺼낸다.

"요즘 날씨가 너무 덥죠? 저는 더우면 밤잠을 설칠 때가 많은데, 어떻게 잘 주무시나요?"

처음 꺼내기 쉬운 화제로 날씨만큼 좋은 것이 없다. 누구나 공감할 수 있는 주제이기 때문이다.

이 밖에 건강, 운동, 음식, 최근 가장 화제가 되고 있는 뉴스 등으로 이야기를 시작하는 것이 좋다. 이렇게 사람들이 기본적으로 관심을 두고 있는 화제들로 말을 시작하면 분위기가 금세 자연스러워진다.

이때 중요한 것은 서로의 대화 속에서 상대방의 관심사가 무엇인지 파악하는 것이다.

의미 없는 대화만 오고 간다면 다시 한 번 처음의 어색한 분위기로 돌아가게 된다. 대화를 진행하면서 상대방이 어떤 부분에 흥미를 느끼는지를 포착해야 한다.

"이렇게 더운 날씨에는 차라리 땀을 푹 흘리는 것이 건강에 좋지요."

이렇게 말을 하는 상대방은 평소에 즐기는 운동이 있을 것이다. 그것이 확인되었을 때는 화제를 자연스럽게 스포츠 쪽으로 끌고 간다.

하지만 먼저 선수 치는 것은 금물이다. 상대방은 그저 열심히 일하면서 흘리는 땀을 말하는 것일지도 모른다. 조심스럽게 상대방의 말뜻을 알아내는 것이 중요하다.

"그렇죠. 땀을 흠뻑 흘리고 난 뒤 샤워라도 한다면 훨씬 기분이 좋으니까요. 혹시 땀을 빼는 좋은 방법이 있으신가요?"

이렇게 말한 후 상대방의 대답에 따라 화제를 이끌어 나가야 한다. 그 화제가 다행히 자신도 알고 있는 것이라면 대화는 더욱 순조롭게 풀린다.

하지만 자신이 잘 모르는 화제일 수도 있다. 이때는 절대 어설프게 아는 척해서는 안 된다. 공통된 화제를 못 만들었다면 차라리 잘 모르는 것이지만 알고 싶다고 말해야 한다.

만일 상대방이 테니스가 취미라면 이렇게 말해 본다.

"테니스에 대해선 잘 모르지만, 평소에 꼭 배우고 싶은 운동 중의 하나죠."

"건강에 테니스만큼 좋은 운동도 없습니다. 배워보시지요."

"이번 기회에 배워볼까요? 그런데 테니스는 어떻게 하시게 되었나요?"

"아, 예. 그건……."

아마도 상대방은 구구절절 테니스에 대해 알고 있는 모든 것을 이야기해 줄 것이다. 어쩌면 직접 테니스를 가르쳐 주겠다고 할지도 모른다.

만남이 끝날 무렵, 상대방은 당신과의 만남을 유쾌하게 생각하며 당신의 존재를 확실하게 기억하게 된다.

이렇듯 처음 만난 사람과 얼마나 빠르게 친해지느냐는 당신의 노력에 달렸다.

먼저 일상적인 화제를 선택하고 상대방에게 거부감을 주지 않으면서 대화를 자연스럽게 이끌어라. 그리고 대화를 하면서 상대가 어디에 관심이 있는지를 알아낸다.

상대방의 관심 분야를 포착하면 본격적으로 대화를 유도한다. 공통된 화제가 어렵다면, 상대방이 말을 많이 하도록 유도하고 진지하게 들어주기만 해도 분위기는 한결 부드러워진다.

이럴 때는 열심히 이야기를 들으면서 적절한 곳에서 맞장구를 쳐주면 된다. 그러면 처음 만나는 사람이라도 그는 당신과의 만남을 좋은 기억으로 간직할 것이다.

튀는 대답이
면접관을 사로잡는다

진학을 하거나 입사를 할 때, 한 번쯤은 통과해야 하는 관문이 면접이다. 우리는 단 몇 분의 면접으로 자신이 원하는 인생의 첫발을 내딛기도 하고, 한 해를 거슬러 올라가 다시 시작해야 하는 실패를 맛보기도 한다.

그런 만큼 긴장되고 떨리게 마련이어서, 면접관에게 자신을 확실하게 인식시키면서 호감을 얻기가 생각만큼 쉽지 않다.

짧은 시간 동안 모든 것이 결정되어 버리는 면접에서는 무엇보다 말이 중요하다. 몇 마디의 말로 자신을 알리고, 자신감과 포부 등을 모두 전달해야 하기 때문이다.

이처럼 그 어느 때보다 재치 있는 화술이 필요한 자리가 바로 면접이다.

도산 안창호 선생이 배재학당에 입학하기 위해 면접시험을 볼 때의 일이다.

미국인 선교사가 안창호 선생에게 질문을 했다.

"어디서 왔는가?"

"평양에서 왔습니다."

"평양이 여기서 얼마나 되나?"

"한 8백 리쯤 됩니다."

선교사는 고개를 갸웃거리며 물었다.

"그래? 그럼 자네는 평양에서 공부하지, 무엇 때문에 이토록 먼 서울까지 왔는가?"

도산 안창호 선생은 선교사의 눈을 응시하며 반문했다.

"미국은 서울에서 몇 리입니까?"

"한 8만 리쯤 되겠지."

선교사의 대답에 도산 안창호 선생은 또박또박 대답했다.

"8만 리 밖에서도 가르쳐 주러 왔는데, 겨우 8백 리 거리를 찾아오지 못할 이유가 무엇입니까?"

안창호 선생은 배우려는 자신의 의지를 이 한마디에 담아 전달함으로써 미국인 선교사의 호감을 얻을 수 있었다.

그런데 만약 도산 안창호 선생이 선교사의 질문에 다음과

같이 대답했다면 상황은 어떻게 되었을까?

"제가 이곳에 온 이유는 평양에 있는 학교보다 서울에 있는 배재학당이 공부하기 더 좋은 곳이기 때문입니다."

공부하고자 하는 의지는 분명하게 전달됐지만, 면접관에게는 의례적인 말로 들리기 쉽다. 배재학당이 다른 학교보다 좋다는 식의 말은 누구나 생각할 수 있는 것이고, 그런 자리에서 안 좋은 말을 할 사람은 없다. 그렇기 때문에 면접자의 의지 역시 상투적인 것으로밖에 들리지 않는다.

마찬가지로, "당신은 왜 우리 회사에 입사하려고 합니까?"라는 질문에 "제 전공이 이 회사와 맞기 때문입니다."라는 대답으로는 수십 년 동안 면접을 해온 면접관들에게 자신의 인상을 강하게 남길 수 없다.

이럴 때는 자신만의 독특한 대답이 필요하다.

"저의 재능이 이 회사를 더욱 발전시킬 수 있기 때문입니다."

자신의 지식이 이 회사에 보탬이 되므로, 자신을 뽑으면 이 회사는 훌륭한 인재를 얻는다는 것을 조금 돌려 말했다.

이럴 때 면접관이 "어째서 그렇게 생각합니까?"라고 다시 질문한다면, 이미 호감을 얻은 것이다. 여기서 더 나아가 이 호감을 확신으로 바꿀 수 있는 대답을 한다면, 당신의 면접은 성공한 것이나 다름없다.

그와 같은 질문에 대해서는 회사의 장점과 단점을 말하면서 단점을 보강할 수 있는 자신의 능력을 제시하면 된다.

그 회사가 고객 서비스는 좋은데 전산망이 취약하다면 이렇게 대답하면 된다.

"더욱 발전된 서비스를 위해서는 전산망이 한층 강화되어야 합니다. 저는 그것을 개선할 수 있는 충분한 지식을 갖고 있습니다."

이럴 경우, 면접관은 그를 '햇병아리 주제에'라고 무시하지 않는다. 그들은 회사를 위해 열심히 일할 사람을 고르는 중이기 때문에, 면접자가 이미 회사의 단점까지 파악하고 그것을 준비하고 있다면, 회사에 대해 제대로 파악하지도 않고 천편일률적인 대답만 하는 다른 면접자보다는 그를 선호할 수밖에 없다.

그리고 그의 준비성과 패기에 많은 점수를 준다. 면접관들이 고만고만한 사람들 중에서 강한 의지를 표현하는 사람을 선택하는 것은 당연하다.

그러므로 면접 보는 회사의 장점과 단점을 알아보고 자신의 어떤 능력이 단점을 보완할 수 있는지를 미리 파악해 놓는 것이 필요하다. 그리고 예상 질문을 만들어 그에 대한 적절한 답변을 구상하는 것이 좋다. 충분히 준비하고 연습하면 자연스러운 대답이 나올 수 있다.

이처럼 면접 준비를 할 때에는 내가 그 회사에 가야 하는 이유보다는 나의 능력으로 그 회사의 어떤 부분을 발전시킬 수 있는가에 초점을 맞춰야 한다.

그리고 그것을 면접관의 귀에 뚜렷이 새길 수 있도록 패기 있는 목소리로 말한다면 좋은 결과를 얻을 것이다.

상투적인 말은 금방 잊혀진다. 자신의 인상을 강하게 심어줘야 하는 자리라면 개성 있는 표현이 무엇보다 중요하다.

지나친 침묵은 오해를 부른다

김 대리가 한참을 이야기하고 있는데도 최 대리는 아무 반응이 없다. 김 대리는 하던 말을 잠시 멈춘다.

최 대리가 대화에 집중하지 않고 딴생각을 하고 있는 것 같아 언짢아진 것이다. '내 말이 지루해졌나?'라는 생각에 김 대리는 쓸데없는 말까지 하고 만다.

김 대리의 말은 중심을 잃고 오락가락 흔들리기 시작하고, 이것은 결국 최 대리를 더욱 침묵하게 만드는 결과를 낳는다. 김 대리의 입에서는 마침내 "이해를 못하겠어."라는 말이 튀어나온다.

일이 이렇게 된 것은 김 대리가 최 대리의 침묵에 너무 집착했기 때문이다. 물론 최 대리의 '너는 이야기해라. 나는 별로 관심이 없다.'라는 식의 태도도 곤란하다.

하지만 상대방의 반응에 필요 이상으로 집착하게 되면 대화가 어려워진다. 간혹 이야기하는 사람이 이것을 참지 못하고 화를 내기까지 한다면 대화는 그것으로 끝이다.

"뭐 하는 거야? 내 말 듣고 있는 거야?"

"무슨 소리야? 난 네 말에 동감하고 있다구. 뭣 때문에 화를 내는 거야?"

이 경우 상대방은 당신의 말을 곰곰이 생각하고 있는 중이었다. 그것을 눈치 채지 못하고 버럭 화를 낸다면 서로가 서로를 오해하게 된다. 최 대리의 경우는 열심히 이야기를 듣고 있는데, 말하다 말고 난데없이 화를 내니 기분이 상하고 억울하기까지 하다.

상대방의 반응이 너무 잠잠하다면 슬쩍 반응을 확인하면 된다.

"그래서 이렇게 됐어. 너 같으면 어떻게 할래?"

상대방이 이야기에 집중해 왔다면 자신의 의견을 말할 것이고, 대화는 계속될 수 있다. 하지만 잠시 다른 생각을 하고 있었다면 그는 당황할 것이다.

"미안해. 사실, 지금 골치 아픈 일이 있어서 자네 말을 제대로 못 들었어."

이런 상황이라면 대화의 주체가 내가 아닌 상대방이 되도록 해야 한다.

말하는 사람은 이와 같이 상대방의 반응을 확인하면서 대화를 이끌어 나갈 필요가 있다.

대화 도중 상대방이 침묵하는 이유는 대개 세 가지 정도로 구분된다.

첫째는 이야기에 집중하는 것이고, 두 번째는 이야기가 지루해진 것이고, 세 번째는 다른 할 말이 있는 것이다.

즐겁게 대화를 나누기 위해서는 상대의 반응까지도 고려해야 한다. 상대방이 호기심을 갖고 두 눈을 반짝인다면 더할 나위 없겠지만, 그렇지 않을 경우에는 상대의 반응을 이끌어 낼 수 있는 방법을 강구해야 한다. 그것을 자연스럽게 이끌어 낼 수 있다면 당신은 뛰어난 화술의 소유자가 될 수 있다.

충고를 하기 전에
먼저 지난날의 자신을 돌아보라!

김 과장은 부하 직원의 보고서를 보다가 잘못된 점을 발견했다. '아니, 이 사람이 아직도 이런 실수를 하나?'라는 생각에 그는 큰 소리로 부하 직원을 불렀다. 부하 직원이 오는 사이에 김 과장은 어떻게 말해야 할까 고민한다.

'이런 실수는 앞으로 두 번 다시 있어서는 안 될 것이기 때문에 한 번쯤은 짚고 넘어가야 하는데, 큰 소리를 내면 분위기만 안 좋아질 것 같고……'

카네기의 조카딸이 학교를 졸업한 뒤 처음으로 직장생활을 시작했는데, 심심찮게 실수를 했다. 카네기는 매번 조카딸에게 충고를 했지만 별로 효과가 없었다.

그러던 어느 날 카네기는 곰곰이 생각해 보았다.

'나는 이 아이보다 인생 경험도 훨씬 많고 사업 경험도 많다. 하지만 이 아이는 초보자다. 어떻게 내가 갖고 있는 생각과 판단, 지식들을 이 아이에게 기대한단 말인가? 내가 이 아이만 했을 때는 실수를 더 많이 하지 않았던가?'

카네기가 자신이 조카딸의 나이였을 때를 생각해 보니, 조카딸은 그 무렵의 자신보다 일을 잘하는 편이었다.

카네기는 그동안 조카딸을 칭찬해 주지 못했던 자신을 부끄럽게 생각했다.

그 뒤로는 조카딸이 실수를 할 때마다 카네기는 이렇게 말했다.

"애야, 그 실수는 내가 예전에 했던 실수에 비하면 아무것도 아니란다. 난 너만 했을 때 더 어리석은 실수를 저지르곤 했지. 그러니 이만한 실수를 갖고 너무 실망하지 말아라."

이 세상에 완벽한 사람은 없다. 처음부터 실수 없이 척척 일을 처리해 나가는 사람도 없다. 일을 처음 대할 때는 사소한 것에서부터 시작해 실수를 연거푸 저지르게 되며, 시행착오를 겪으면서 차츰 능력이 쌓여가는 것이다.

생각해 보면 나이 어린 사람의 실수는 언젠가 자신도 저질렀던 일이다. 그 당시에 자신이 얼마나 자책하고 속이 상했던가를 돌이켜 보면 그 사람의 지금 심정을 충분히 이해할 수 있다.

그럴 때는 다그치기보다 위로와 격려의 말이 필요하다.

앞의 김 과장은 부하 직원에게 이렇게 말했다.

"자네, 이 부분을 실수했군. 사실 나도 예전에 자주 했던 실수지. 나 같은 경우 이런 실수를 하지 않기 위해……."

이런 말로 상대방의 실수를 지적해 주고, 고칠 수 있는 방향을 잡아준다면 부하 직원의 업무 능력은 기대 이상으로 향상될 것이다.

자신의 지나간 실수는 다른 사람의 실수를 고칠 수 있는 본보기가 될 수 있다. 그것을 말한다고 해서 자신의 권위가 떨어지지는 않는다. 오히려 상대는 당신에게 더할 나위 없는 인간애를 느낄 것이다.

말도 뜸을 잘 들여야
제 맛이 난다

성격이 급한 사람들이나, 서로가 잘 통한다고 생각하는 사람들이 저지르기 쉬운 실수가 상대방의 말을 끝까지 듣지 않고 지레 판단하는 것이다.

성급한 판단은 반드시 오해를 불러일으키고, 오해는 불신을 부르며, 불신은 스스로를 곤경에 빠뜨린다.

작은 섬 마을에 아름다운 아가씨가 살고 있었다.

그녀는 섬 생활에 싫증을 느껴, 언제나 도시로 나갈 기회만을 노리고 있었다.

그러던 어느 날 그녀는 부모님이 골라준 도시 총각과 맞선을 보게 되었다.

잔뜩 기대에 부푼 그녀는 절호의 기회라고 생각해서 도시

총각의 마음을 사기 위해 정성껏 치장을 하고 있었다.

그런데 치장에 너무 열중하다 보니 그만 배가 떠날 시간이 다 되고 말았다.

부랴부랴 선착장으로 달려갔더니, 배는 뱃고동을 길게 울리며 떠나가고 있는 것이 아닌가.

이 기회를 절대로 놓칠 수 없었던 그녀는 선착장에서 조금 떨어져 있는 배를 향해 힘껏 뛰었다. 하지만 배에 올라타지 못하고 바다에 풍덩 빠져 버리고 말았다.

깜짝 놀란 선원들이 그녀를 간신히 배 위로 끌어올려 주자 그녀는 숨을 헐떡이며 겨우 감사의 인사를 했다.

"구해 주셔서 헉, 헉, 감사합니다. 헉, 헉, 헉."

그러자 선원들이 안타깝다는 듯 말했다.

"이봐요, 아가씨. 뭐가 그리 급해요? 10초만 기다리면 배가 항구에 닿을 텐데……."

조급한 마음은 화를 부르게 마련이다. 보이는 그대로를 자신의 관점에서 해석해 버림으로써 큰 오해를 하게 되는 것이다.

한 번 생긴 오해는 좀처럼 풀기 어렵다. 더구나 잘못 판단한 것을 사실인 양 말해 버린다면, 나중에 실없는 사람이라는 소리를 듣기도 한다. 한 번 흘러나온 말은 좋은 쪽보다는 나쁜 쪽으

로 이용되기 쉽다.

　이렇게 성급한 판단이 화를 불러오는 경우를, 우리는 사람들의 대화에서 많이 찾아볼 수 있다. 같은 말을 해도 어떻게 받아들이고 이해하느냐에 따라 전혀 다른 대답이 나올 수 있다. 이럴 때 상대방의 의도는 잘 알지도 못한 채 자기 생각만으로 말한다면 낭패를 보기 십상이다.

　예를 들어, "그 사람 요즘 아주 잘 나간다며?"라는 질문은 받아들이는 사람에 따라 상반된 대답이 나온다.

　"그렇다나 봐. 지난번 일이 사람들에게 좋은 반응을 얻었으니……."라는 긍정적인 반응과, "잘 나가는 정도가 아니라 아주 날아다닌다더라. 자식, 어쩌다 운 좋은 걸로 뻐기기는……."과

같은 부정적인 반응이다.

말을 하는 사람의 의도는 제대로 파악하지 않은 채 지레짐 작만으로 얘기하는 것이다. 상대방은 그 사람을 축하해 주고 싶을 수도 있고, 아니면 험담하고 싶을 수도 있다.

이렇게 상대방의 의도를 잘 알 수 없는 애매한 경우에는 다음과 같이 말하면 된다.

"그런 것 같아. 자네는 그 사람과 함께 일해 본 경험이 있으니까 그 사람에 대해 잘 알고 있지 않나?"

"그래. 잘 알지. 사실 난……."

이렇게 자신의 의견을 먼저 말하기보다는 상대방의 의도가 무엇인지부터 알아봐야 한다.

또한, 상대가 무심코 던지는 말에도 신중하게 대답해야 한다.

결혼한 지 얼마 안 된 여직원이 후배에게 한숨을 쉬며 말했다.

"나 요즘 살찌는 것 같지 않니? 배도 좀 나오고……."

후배는 눈을 동그랗게 뜨고는 말한다.

"어머, 언니. 그리고 보니 배가 많이 나왔네. 임신했구나. 몇 개월이야?"

물론, 결혼하기는 했지만 그녀는 다이어트에 대해 말하고 싶었던 것이다.

안 그래도 배가 나와 걱정인 여직원에게 이 말이 기분 좋게 들릴 리가 없다.

사무실에서 한 동료가 김 대리에게 다가와서 말한다.
"우리 차 한잔 할까?"
김 대리는 바쁜 듯 대답한다.
"난 아까 마셨어."
상대방은 차를 마시고 싶은 것이 아니라, 김 대리에게 중요한 정보를 주고 싶었는지도 모른다.

위의 경우, 여직원의 후배나 김 대리는 상대방의 말을 한 번쯤은 더 새겨들어야 했다. 만일 정말로 중요한 정보를 주기 위해 말을 건넨 것이라면, 성급하게 대답해 버림으로써 그들은 자신에게 꼭 필요한 것을 코앞에서 놓친 것이다.

누군가가 선물 꾸러미를 들고 왔다고 해서 그것이 전부 당신 것은 아니다. 그것은 그 사람 자녀의 것일 수도, 혹은 그 사람이 받은 것일 수도 있다.

말이나 행동은 한 번 뱉고 나면 다시 주워 담을 수 없다. 한번 더 생각하고 말하면 좋은 말, 제대로 된 말을 할 수 있다.

나를 싫어하는 사람일수록
더욱 칭찬하라!

당신이 누군가를 이유 없이 싫어하는 경우도 있지만, 반대로 상대방이 나를 이유 없이 미워하는 경우도 있다. 아무리 생각해도 그 까닭을 알 수 없는데, 그 사람은 나를 볼 때마다 마땅찮은 눈길을 보낸다. 그런 사람은 무시해 버리자고 생각하지만 매일 얼굴을 대하는 관계이다 보니 그것도 쉽지 않다.

이럴 때는 그 사람이 안 보이는 곳으로 가버리든지, 아니면 그 사람이 나를 좋아하도록 만들어야 한다. 피하는 것이 어렵다면 좋아하도록 만드는 수밖에 없다.

그렇다고 해서 갑자기 그 사람에게 친한 척하며 다가가면 오히려 역효과가 날 수도 있다. 이럴 경우에는, 그 사람이 자연스럽게 나에게 호감을 가질 수 있도록 내가 먼저 호감을 표시하는 것이 좋다.

그렇다면 상대방에게 호감을 표시하기 위해서는 어떻게 해야 할까?

우선, 그 사람에게 먼저 다가가 자연스럽게 말을 건다. 간단한 인사라도 좋다.

처음에는 당신의 인사를 무시할 수도 있겠지만, 그럴수록 더욱 씩씩하게 인사를 건넴으로써 '나는 당신을 싫어하지 않는다.'는 사실을 은연중에 심어주는 것이다.

그리고 주변 사람들에게 그 사람에 대한 칭찬을 한다. 작은 것도 좋고, 누구나 아는 것도 괜찮다.

"그 사람 업무 능력이 아주 뛰어나다고 하더군."이라든지, "이해심이 넓고 사람을 편하게 해준대."라는 칭찬 등을 해주면 좋다.

이런 칭찬은 되도록 많은 사람들에게 할수록 효과가 크다. 말은 돌고 돌기 때문에 언젠가 당신의 칭찬이 그 사람의 귀에도 들어갈 것이다.

"자네, 그 사람에게 굉장히 잘 보인 것 같아. 자네 칭찬을 많이 하던데?"

이렇게 된다면 그 사람은 더 이상 당신을 미워하지 못한다. 오히려 그동안의 이유 없는 적대감을 스스로 부끄러워하며 서서히 마음의 벽을 허물게 될 것이다.

상대가 나를 싫어한다고 해서 똑같이 미워한다면, 두 사람이 친해질 가능성은 그만큼 줄어들게 된다. 좋은 감정만 갖고 살기에도 각박한 세상인데 누군가를 미워한다면, 삶은 더욱 힘들어진다. 내가 누군가를 미워하는 만큼 그 미움이 내 어깨를 짓누르게 되는 것이다.

말은 자신이 한 만큼
되돌아온다

'말 한마디에 천 냥 빚도 갚는다.'는 속담은 한마디 말이 얼마나 큰 힘을 발휘하는지를 잘 표현한 말이다. 어떻게 무슨 말을 하느냐에 따라 천 냥 빚을 갚기도 하고, 천 냥을 더 잃기도 한다.

그 외에 '가는 말이 고와야 오는 말이 곱다.'는 속담도 있다. 내가 좋은 말을 많이 하면 사람들로부터 좋은 말을 많이 듣게 되고, 내가 험담을 일삼는다면 언젠가는 사람들이 나를 험담하는 말을 듣게 된다는 뜻이다.

말은 한 만큼 되돌아오게 마련이다.

모든 일에 불평이 많은 김씨가 일행과 함께 여행을 하던 중 어느 시골마을에 이르러 날이 저물었다.

주변을 살펴보니 허름한 여관이 눈에 띄어 김씨 일행은 그곳에서 하룻밤을 묵기로 했다.

불평 많은 김씨는 여관의 허름한 모양새에 금세 눈살을 찌푸리며 주인에게 말했다.

"이 돼지우리 같은 곳에서 하루 자는 데 얼마요?"

여관 주인은 기분이 언짢아져서 대답했다.

"한 마리에 만 원이고, 두 마리면 이만 원입니다."

김씨의 말 한마디에 일행 모두가 여관 주인에게 돼지 취급을 당하고 말았다. 다른 여관을 찾기에는 너무 늦은 시간이었기에, 일행은 돼지 취급을 당하면서도 그 여관에 묵을 수밖에 없었다.

김씨의 이러한 말투는 회사에서도 마찬가지다.

부하 직원이 기껏 열심히 만들어 온 기안을 보며 그는 대뜸 말한다.

"이거 이런 식으로밖에 못 하나?"

그러고 나서는 좀 더 좋은 아이디어를 내놓으라고 말한다.

"그럼, 어떻게 하는 것이 좋을까요?"

직원은 도움을 얻기 위해 그에게 묻는다.

"왜, 그런 것 있잖아? 척 보기에 좋아 보이는 거. 이 정도 말

하면 알아서 해야지."

　김씨는 자신의 생각조차 제대로 정리되어 있지 않은 상태에서 막연히 부하 직원에게만 참신한 아이디어를 강요하고 있다.

　그는 상대를 배려하지 않는 무례한 말로 주변 사람들에게 좋지 못한 인상을 줄 뿐 아니라, 매번 자신의 막연하고 추상적인 생각을 상대방에게 고집하여 스스로를 한정적인 사고의 소유자로 만든다.

　자신은 나름대로 다양한 사고를 하고 여러 방면에 걸쳐 안목이 뛰어나다고 생각하지만, 다른 사람의 의견이나 아이디어에는 늘 부정적이다. 그렇다고 자신에게 별다른 대안이 있는 것도 아니다.

이렇게 되면 부하 직원들은 겉으로야 표현을 못하겠지만, 자신들을 무시하는 말투에서부터 기분이 상한다. 게다가 구체적인 대안을 제시하지도 못하면서 늘 아는 척만 하는 그를 보며, 마음속으로는 '자신도 제대로 알지 못하면서 무얼 바라는 거야?'라고 빈정거리게 된다.

아무리 마음이 넓은 사람이라도 말투가 곱지 않은 사람과는 쉽게 친해지지 못한다.

자신의 잘못된 말투가 사람들에게 상처를 주지는 않는지 가끔은 돌이켜 볼 필요가 있다. 잘못된 말투는 자신도 모르게 배어 있어, 말을 하면서도 의식을 하지 못하는 경우가 많다. 대화 도중 갑자기 상대방의 표정이 바뀐다면, 내 말투가 잘못된 것은 아닌지 한 번쯤 의심해 볼 필요가 있다.

가는 말이 고와야 오는 말도 곱다. 언짢은 말을 하면 상대방에게서 차가운 반응만 되돌아올 뿐이다.

말을 듣게 하려면
먼저 모범을 보여라!

"착한 일을 하세요." "쓰레기를 버리지 마세요." 등의 말을 하기는 쉽다. 하지만 이런 말이 사람들의 가슴에 얼마나 와 닿을지는 의문이다. 모든 말들이 그렇지만, 어떤 행동을 권유하는 말은 특히 진실하지 않고서는 쇠귀에 경 읽기가 되기 십상이다.

한 신사가 말을 타고 가다가 병사들이 나무를 운반하는 장면을 목격했다.

상사 한 명이 구령을 붙이며 작업을 지휘하고 있었지만, 워낙 무거운 나무여서 좀처럼 움직이질 않았다.

신사가 상사에게 물었다.

"자네는 왜 같이 일하지 않는가?"

"전 졸병이 아니라 명령을 내리는 상사입니다."

그러자 신사는 말에서 내려, 윗도리를 벗고는 병사들 틈에 끼여 나무를 들었다.

한참 만에 나무를 목적지까지 운반한 뒤, 신사는 다시 말에 올라타며 상사에게 말했다.

"다음에 또 나무를 운반할 일이 있거든 총사령관을 부르게."

상사와 병사들은 그제야 그가 조지 워싱턴임을 알았다.

조지 워싱턴은 "자네도 함께 일을 하게나."라는 말로도 얼마든지 상사를 움직일 수 있는 위치의 사람이었다. 하지만 그는 자신이 먼저 행동으로 보여줌으로써 상사를 깨우쳤다.

이 부장은 언제나 좋은 말로 직원들을 다독인다. 하지만 직원들은 그의 말에 전혀 귀를 기울이지 않는다.

늦게 온 직원들에게 "다음부터는 일찍 다니도록 해. 일찍 일어나는 새가 벌레를 잡는 법이야."라고 말해 보지만, 직원들의 지각은 좀처럼 고쳐지질 않는다.

복사 용지만 해도 그렇다. 총무부에서는 매번 이면지를 사용할 것을 종용하지만 사람들은 여전히 종이 씀씀이가 헤프다.

이 부장은 사원들을 다루기가 여간 어렵지 않다고 푸념을 늘어놓는다.

"요즘 사람들은 윗사람의 말을 제대로 듣지 않아."

하지만 부하 직원들도 할 말은 있다.

"부장님은 언제나 말뿐이세요. 지각하지 말라고 하시고는 그 다음날 지각하는 사람은 부장님이에요. 그리고 복사 용지도 그래요. 직원들에게는 쓰지 말라고 하면서, 부장님은 이사님에게 제출하는 것이니까 새 종이를 써야 한다고 하시더군요. 회사에서 이면지를 적극적으로 권했다면 누구나 이면지를 써야 하는 것 아닌가요? 지위가 높다고 새 종이를 쓰고, 말단 직원들은 이면지나 쓰라는 것은 형평성에 맞지 않아요."

아무리 좋은 말도 행동과 일치하지 않는 사람의 입에서 나오면 잔소리에 지나지 않는다.

이 부장의 경우도 자신이 먼저 일찍 출근하고, 이사님이 아니라 사장님에게 보고하는 서류라도 이면지를 쓴다면 직원들은 그의 말을 따를 것이다.

자신의 말에서 정작 자신을 제외시킨다면 아무도 그의 말을 들으려 하지 않는다. 행동이 따르지 않는 말은 잔소리에 불과하며, 먼저 행동으로 보여주면 말을 하기도 전에 따르게 된다.

물론, 행동보다 말이 앞서야 하는 때도 있다. 예를 들면, 폭

력적인 행동보다는 먼저 대화를 통해 서로를 이해해야 한다. 하지만 사람들에게 특별한 행동을 권할 때는 말보다 몸소 보여주는 자세가 필요하다. 백 번 말하는 것보다 한 번 보여주는 것이 더 효과가 크다.

상대방의 이름을 기억하고
자주 그 이름을 불러주어라!

최 과장은 순간 아찔해졌다. 상대방이 자신의 이름을 부르며 아는 척을 하는데, 도무지 그가 누구인지 생각이 나질 않는다.

고민하던 끝에, 그가 바로 이번에 자재과에 새로 온 과장이라는 것을 기억해 냈다. 하지만 최 과장은 다시 한 번 고심한다. 이번에는 그의 이름이 생각나질 않는 것이다. 성이라도 기억이 나면 좋으련만 그마저도 아련하다.

결국 최 과장은 자재과장의 호칭을 피해 대충 대화를 얼버무리고, 바쁜 척 돌아서야만 했다.

누구나 한 번쯤 경험했을 법한 일이다. 상대방은 자신을 잘 알고 있는데, 자신은 그 사람의 이름조차 모르겠으니 답답하기

이를 데 없다.

만일 대화를 하던 중에 당신이 자신의 이름조차 모르고 있다는 사실을 상대방이 알게 된다면, 당연히 그는 엄청난 실망감을 느끼게 될 것이다. 자기 이름도 모르는 사람과 얘기하는 기분이 얼마나 참담하겠는가.

누군가가 자신의 이름을 기억하지 못한다면 무척 자존심이 상한다. 더구나 자신은 상대방의 이름을 정확히 기억하고 있는데, 상대가 나를 전혀 기억하지 못한다면 더욱 그렇다.

우리는 누구나 많은 사람들이 자신의 이름을 기억하기를 바란다. 오래도록 인상에 남는 존재이고 싶은 것이다. 잘 모르는 사람이 자신의 이름을 부르기만 해도 왠지 우쭐해지면서 기분이 좋아지는데, 마치 본인이 유명인이라도 된 것처럼 느껴지는 것이다.

이것은 전화를 할 때도 마찬가지다. 한 번 통화한 적이 있는 거래처 사장의 목소리를 기억하고 있다가, 다시 그에게서 전화가 걸려 왔을 때 "아, 김 사장님이시죠?"라고 먼저 인사한다면 사소한 일에도 그 사람은 깊은 호감을 보이게 된다.

대통령 선거에서 루스벨트의 당선에 결정적인 영향을 끼쳤던 짐 팔리가 제대로 된 교육을 받은 것은 중학교 때까지가 고

작이었다.

하지만 그는 뒤늦게 네 개의 대학에서 학위를 받았고, 결국엔 미국 정치계에서 중요한 위치에까지 올랐다.

그는 성공의 비결을 묻는 질문에 '열심히 일하는 것'이라고 답하고는, 자신이 얼마나 많은 사람들의 이름을 외우고 있는지를 밝혔다.

짐 팔리는 외판원 시절부터 사람들의 이름을 외우기 시작했다. 만나는 사람들의 이름과 주변 상황을 연결하여 그림을 그리듯이 외웠다고 한다. 그래서 그는 사람들을 만날 때마다 언제나 그 사람의 이름을 부르며 유쾌하게 대화를 시작할 수 있었는데, 그것이 바로 성공의 비결이 된 것이다.

실제로, 직원의 이름을 불렀을 때와 부르지 않았을 때가 어떻게 다른지는 회사 내에서 흔히 찾아볼 수 있다.

최 주임은 부서에 새로 들어온 신입 사원에게 다음과 같이 말한다.

"이철수 씨, 이거 총무부에 좀 갖다 주고 오세요."

하지만 김 주임은 다르다.

"미스터 리, 이것 좀 부탁해."

자신을 격하시키는 호칭을 들었을 때, 그는 곧 자괴감에 빠져서 일할 의욕을 잃고 만다.

　이런 경험은 사회 초년생 때 흔히 겪는 일이다. 상대가 나이 어린 사람이거나 경험이 많지 않은 사람일수록 좀 더 세심한 배려가 필요하다.

　이름은 곧 그 사람을 대표하는 것이므로, 이름을 기억하는 것은 곧 그 사람을 기억한다는 의미이다. 사소하지만 이름 석 자를 기억함으로써 보다 의미 있는 관계를 만들 수 있다.

　만나는 사람들의 이름을 정확하게 기억해서 불러주자. 이름을 불러주는 것만으로도 상대방은 이미 당신을 포용할 자세를 갖추게 된다.

위로의 말은
새로운 힘을 불어넣는다

점심을 먹은 뒤 최 과장은 자신의 자리에 느긋하게 앉아 있었다.

이때 앞에 앉아 있던 직원이 말했다.

"아휴, 배고파."

이 말에 최 과장은 눈살을 찌푸린다.

"점심시간이 지난 지 몇 분이나 됐다고 벌써 배가 고프다는 거야?"

점심도 거른 채 자기가 시킨 일을 마무리하고 있는 직원에게 아무것도 모르는 과장은 대뜸 싫은 소리를 퍼붓기 시작한다. 그나마 한두 마디로 끝났다면 그 직원은 이유라도 설명했을 텐데, 최 과장은 계속해서 야단을 친다.

직원은 슬슬 기분이 나빠지기 시작한다. 자기 딴에는 바쁜

일을 도맡아 점심까지 걸러가며 일했는데, 그것도 모르는 매정한 과장은 자신을 먹을 것만 밝히는 사람으로 취급하는 것이다.

그 직원은 곧 이렇게 생각한다.

'내가 미쳤지. 누가 알아준다고 이렇게 점심시간까지 바쳐가면서 일하다니.'

직원은 더 이상 과장의 지시에 따르고 싶지도 않고, 이미 다 끝난 일이지만 과장에게 보여주기도 싫어진다.

한 직원이 하던 일을 잠시 멈추고 기지개를 켜면서 말한다.

"아휴, 피곤해."

그러자 이 주임이 즉각 받아친다.

"그까짓 것 좀 했다고 피곤하면, 난 벌써 쓰러졌겠다."

피곤하다는 말은 잠깐의 넋두리에 지나지 않는다. 누가 알아주기를 바라는 것도 아니고, 일에 몰두하다가 잠깐 쉬면서 자연스럽게 입에서 나온 것이다. 일을 많이 시킨다고 상사를 원망하는 것도 아니고, 자신이 일을 많이 한다는 것을 과시하는 것도 아니다.

그런 말에까지 굳이 꼬투리를 잡고 늘어질 필요는 없다. 자신의 일이 더 많다고 우긴다면 오히려 역효과를 불러오고 만다.

지나가는 말로 얘기하더라도 힘들어하는 사람에게는 위로의 말을 건넬 수 있어야 한다. 힘들다고 말하는 직원의 말꼬리를 붙잡고 늘어져 봐야 반발심만 불러일으킬 뿐이다.

"많이 피곤한가? 요즘 너무 일에만 매달려 있는 것 같아. 좀 쉬어가면서 일하는 게 좋겠어."

이렇게 말해 준다면 그 직원은 피곤이 절로 가신다. 상대방으로부터 인정을 받았다는 기쁨과 그 사람의 기대를 저버리지 않으려는 마음으로 새로운 힘을 얻게 되는 것이다.

작은 관심이
좋은 인간관계의 시작이다

인사말은 너무도 흔하게 하는 말이어서 그다지 중요하게 생각하지 않는 경향이 있다. 그래서 특별한 친분이 없는 사람들에게 인사할 때는 "안녕하십니까?"라는 의례적인 말로 그친다. 그러나 친한 사람을 만나면 잠시 멈춰 서서 서로의 안부를 묻고, 상대방에게 반가움을 표시하는 것이 좋다. 친분이 있느냐, 없느냐에 따라 인사말에 차이가 생기게 된다.

이 부장은 일 처리에 굉장히 깐깐한 사람으로 정평이 나 있다. 사원들의 작은 실수도 용납하지 않는 것으로 유명하다.

업무 보고를 하는 사원들은 서류를 꼼꼼히 점검한 뒤 그에게 가져가지만, 이 부장은 어김없이 사원의 실수를 찾아낸다,

이쯤 되면 이 부장 밑에서 일하는 직원들은 그에 대해 험담

의 말을 할 만도 한데, 어찌된 일인지 직원들은 이 부장을 옹호한다.

옆 부서의 동료가 이 부장으로부터 핀잔을 들은 이 과장에게 위로의 말을 건넨다.

"자네, 오늘도 이 부장님한테 핀잔 들은 것 같던데? 이 부장 밑에서 일하기 힘들지?"

"사실, 힘들기는 하지만 다 나를 위한 말이지. 우리 부장님이 원래 깐깐한 사람은 아니야."

오히려 험담하려고 갔던 동료가 무안해지고 만다.

사원들이 그렇게 생각하는 데에는 이유가 있다. 이 부장의 아침 인사는 다른 사람들과 다르다. 사원들 개개인에게 관심을 갖고 안부를 묻는다.

"자네, 오늘 넥타이가 아주 멋있군. 새로 장만한 건가?"

"지난 주 아버님 칠순 잔치는 잘 치렀나? 피곤하겠군."

몸이 안 좋은 직원에게는 잊지 않고 이렇게 말한다.

"감기는 좀 나았나? 자네가 아프면 곤란해. 벌써 업무에 차질이 생기잖나."

이런 인사말은 관심 있는 사람이 아니고는 할 수 없는 말이다. 관심이 없는 사람이라면 그 사람이 무엇을 하든 상관하지 않기 때문이다. 하지만 이 부장은 사원들을 아끼고 위하는 마음으로 그들의 사소한 일까지도 말로나마 챙긴다.

사원들은 자신에 대한 이 부장의 이런 개인적인 관심에 감동하게 된다. 이 부장의 인사에는 관심이 듬뿍 담겨 있기 때문이다.

더구나 그가 부서의 장이고 보니 자신이 부장님에게 특별한 대우를 받는 듯한 기분이 들어 업무적인 스트레스는 대개 그 자리에서 풀어진다. 이것이 이 부장이 사원들을 관리하는 노하우다.

개인적인 관계에서도, 만나자마자 반가운 얼굴로 다가와 인사를 하며 이것저것 안부를 묻는다면 그 사람에게 좋은 감정을 가질 수밖에 없다.

물론 처음에는 의아하게 생각하며 무슨 의도가 있는 것은 아닌지 의심할 수도 있겠지만, 상대방이 순수한 관심을 갖고 대하는 것이라면 당신의 마음도 달라진다.

'저 사람이 내 일까지 신경을 써주는구나. 나도 저 사람을 좀 더 배려해야겠다.'는 생각이 드는 것이다.

인사는 흔한 것인 만큼 그 중요성을 잊고 지내기 쉽다. 하지만 상대방에 대해 깊은 관심을 가지고 한마디라도 정성스럽게 인사를 한다면, 두 사람의 관계는 더욱 가까워질 것이다. 인사야말로 사람과 사람 사이의 관계가 성립되는 출발점이다.

칭찬의 일인자가 되어라!

사람들은 누구나 칭찬을 받으면 기분이 좋아진다. 그것이 비록 빈말이라는 것을 알아도 결코 기분 나쁘지 않은 것이 칭찬의 매력이다.

우리 사회는 전반적으로 칭찬에 인색하다. 칭찬이 얼마나 사람들에게 큰 힘이 되는지는 알고 있지만, 다른 사람을 칭찬하는 것 자체를 쑥스러워하는 것이다.

칭찬도 해본 사람이 잘하고, 하면 할수록 는다.

칭찬을 하려면 사람들의 좋은 점을 먼저 보아야 한다. 단점만 보인다면 어떻게 그 사람을 칭찬할 수 있겠는가? 마음만 있다면 칭찬할 거리는 얼마든지 찾을 수 있다.

먼저, 사무실에서 간단히 할 수 있는 칭찬을 찾아보자. 남자 직원에게는 "넥타이 멋있는데, 역시 감각이 있어."라는 말을,

여자 직원에게는 "헤어스타일이 참 잘 어울리네."라고 하며 작은 것부터 칭찬해 나간다.

또한 그 직원이 맡은 업무에 대해 칭찬의 말을 아끼지 않으면, 일의 능률이 두 배로 높아진다. 능력을 인정받았기 때문에 일이 더 즐거워지는 것이다.

하지만 칭찬의 말을 할 때는 한 가지 주의해야 할 것이 있다. 필요 이상으로 과장하지 말고 적당히 칭찬해야 한다.

한 상사가 여러 직원들 앞에서 훌륭하게 업무를 처리한 사원에게 말한다.

"역시 우리 사무실에서는 자네밖에 없어. 자네 능력은 정말 감탄할 만해."

칭찬받는 사람은 기분 좋을 테지만 다른 사람들은 다르다. 칭찬받은 사람의 능력은 인정하지만 자신들은 허수아비가 된 기분을 감출 수 없는 것이다.

칭찬은 당사자에게는 일의 성취감을 느끼게 하고 동료들에게는 분발할 수 있는 정도로 해주면 충분하다. 그것이 지나쳤을 때는 오히려 사무실 분위기만 어색해진다.

특히, 상사의 위치에 있는 사람이라면 이런 점에 더욱 주의해야 한다. 정말 칭찬해 주고 싶다면 제삼자가 있는 자리에서는 적당히 끝내야 한다.

칭찬하는 사람 못지않게 칭찬을 받는 사람의 태도도 중요하다. 기분 좋은 칭찬을 들었다면 감사의 말로 답한다. 기껏 상대방이 좋은 의도로 칭찬의 말을 건넸는데, 받는 사람의 반응이 시큰둥하다면 말한 사람은 무안해진다. '잘난 척하는 건가?'라고 생각하며 오만하게 볼 수도 있다.

또한 느닷없는 칭찬의 말이 쑥스러워도 감사하게 받아들여야 한다. 그리고 가능하면 칭찬을 돌려준다.

"이번 프로젝트는 아주 성공적이더군. 정말 축하하네."라고 동료가 말하면, "고마워. 다 모두가 도와준 덕분이지. 요즘 자네의 제안도 무척 반응이 좋다던데?"라고 겸손하게 대답한다.

그리고 "선배님, 양복 새로 하셨나 봐요? 아주 잘 어울리네요."라는 말에도 "그래? 고마워. 역시 자네는 보는 눈이 있어."와 같은 말로 상대방을 덩달아 칭찬하는 것이 좋다.

칭찬은 사람들로 하여금 능력을 발휘할 수 있게 하고, 사람들 사이의 유대관계를 더욱 탄탄하게 만든다. 나 자신을 위해서, 그리고 상대방을 위해서라도 칭찬은 아끼지 말자. 그것이 바로 훌륭한 리더가 되기 위한 첫걸음이다.

당신이 그를 이해하고
있다는 것을 먼저 알려라!

이런저런 사람들이 함께 살아가다 보면 수많은 사람들의 수만큼이나 다양한 생각들이 있다. 그 많은 사람들과 더불어 살아가려면 때론 다른 사람의 생각에 자기의 생각을 맞춰야 할 때도 있고, 자기의 생각을 관철시켜야 할 때도 있다.

복잡한 사회 속에서 살아가는 사람의 생활이란 어쩌면 생각과 생각이 맞물리는 교류의 연속인지도 모른다. 가까운 예로, 일상생활에서 두 사람 이상이 모여 무언가를 할 때면 무엇을 먹을까, 어떤 물건을 살까, 어디에 갈까 등 서로의 생각을 조율하게 된다.

이렇게 사소한 일이야 누구의 의견을 따르든 크게 손해 보거나 영향을 받을 일이 없겠지만, 사회생활의 경우는 조금 다르다.

여러 사람들이 더불어 일하면서도 각자의 이익을 생각해야

하는 사회생활에서는 자신의 주장을 관철하지 못하거나 우유
부단하게 행동하는 것이 곧바로 자신의 사회적 능력과 직결되
는 것이다. 따라서 사회생활에서의 설득력은 치열한 삶의 경쟁
과도 이어진다.

설득이라는 것은 나와는 다른 생각을 갖고 있는 상대방을
나의 의견에 동조하게 만드는 것으로, 어떻게 하든 상대방에게
나의 의견을 관철시키는 것이다.

사무실 한쪽 회의실에서 김 대리와 정 대리가 팽팽한 신경
전을 벌이고 있다. 김 대리가 조용조용 자신의 의견을 말하는
데 비해, 정 대리는 단번에 "그건 이번 상황과 차원이 다르지.
내가 보기에는……." 하면서 김 대리의 말을 자르며 끼어든다.

순간, 김 대리는 기분이 상해 '네가 알면 얼마나 알아?'라는
생각이 든다. 결국 그들의 목소리는 점점 커지고, '어떻게든 내
가 널 이기겠다.'는 감정이 앞선 상태에서 상대방을 억누르려고
한다.

그들을 옆에서 지켜보면, 눈과 귀는 꼭 틀어막고 서로의 입
장만 내세워 떠들고 있는 것 같다. 그들에겐 더 이상 타협의 여
지가 없는 것이다.

자신의 의견을 고집하는 상대방에게 무조건 "그건 옳지 못

한 생각입니다."라며 말을 막는 것은 현명한 행동이 아니다.

강압적인 태도는 서로의 벽만 두텁게 만들고 상대방으로 하여금 자신의 논리를 더욱 굳건히 하도록 만든다. 아무리 지위가 높은 상사라 해도 딱딱한 태도로 자신의 주장만을 밀어붙인다면, 상대방은 설득을 당하기는커녕 반감만 갖게 된다.

설득할 때 가장 중요한 것은 '나도 당신 편이다.'라는 생각을 상대에게 심어주는 것이다.

서로 다른 의견을 갖고 있는 사람에게 약간의 적대감을 갖는 것은 당연하다. 하지만 '당신의 의견도 틀리지 않다.'라고 생각하고 있다는 것을 알려서 상대방의 적대감을 줄이면 설득은 그만큼 쉬워진다.

동료들을 효과적으로 설득하는 것으로 유명한 이 대리는 우선 상대방의 의견을 끝까지 들어준다. 그리고 일단 맞장구를 치며 "그렇군요, 충분히 이해합니다." 혹은 "저도 그렇게 생각합니다."라는 식으로 다른 사람의 의견에 공감을 표한다. 그러면 상대방은 그에 대해 일단은 안도감과 함께 친밀감을 갖게 된다.

이렇게 되면 상대방은 자신도 모르게 어느새 넋두리까지 늘어놓는다. 이 대리를 더 이상 적으로 보지 않는 것이다. 그때쯤에 자신의 의견을 조심스럽게 말하면 그만큼 설득하기가 쉬워진다.

"저도 그 의견에 동의합니다. 그 방법이 최선의 선택임에는 틀림없습니다. 문제는 그것을 실천하기 위해서는 먼저 이것을 적극적으로 해결해야 한다는 것입니다. 그래서 제 생각에는……."

이제 상대방은 이 대리의 의견을 긍정적으로 받아들이기 십상이다.

"이런 경우 혹시 다른 방법이 있지는 않을까요?" 또는 "제 생각은 이런데, 어떻게 생각하십니까?"라는 식으로 대화를 풀어나가면, 상대방과 격한 감정싸움을 벌이는 일도 발생하지 않을 뿐만 아니라, 크게 힘들이지 않고 자신의 의견도 관철시키는 것이다.

"만약 상대방이 당신의 주장에 동의해 주기를 바란다면, 먼저 당신이 그 사람의 친구임을 확신시켜야 한다."

– 에이브러햄 링컨

이 말은 상대방을 설득하려면, 우선 상대방의 마음을 다스려 내가 적이 아닌 친구임을 인식하게 하는 것이 중요하다는 의미이다. 내 생각은 옳고 상대의 생각은 무조건 그르다고 말하는 것은 더 이상 타협할 의도가 없다는 뜻과 마찬가지다.

상대방을 자기편으로 끌어들이는 것이 바로 설득의 지름길임을 알아야 한다.

대충 말하면
원하는 것을 얻지 못한다

김 과장은 부하 직원에게 지시했던 서류들을 받아 보고는 당황하고 말았다. 정작 자신이 요구했던 서류는 하나도 없었던 것이다.

"이봐, 중요한 게 빠졌잖아. 어떻게 된 거지?"

부하 직원은 태연스레 대답한다.

"그와 관련된 일은 과장님이 지시한 적이 없으셨는데요?"

김 과장은 답답한 듯 한마디 한다.

"하지만 정작 내가 원한 건 이게 아니라고! 당연히 그 정도쯤은 알아서 해야지!"

일이 이쯤 되면 미처 못 알아듣고 자료를 준비하지 못한 부하 직원이나 정확하게 업무 지시를 하지 않은 김 과장이나 답답하기는 마찬가지다.

말이라는 것은 정확하게 하지 않으면 상대방을 답답하게 할 뿐더러, 의사가 원활하게 전달되지 않기 때문에 오해를 불러일으키기도 한다. 그렇게 되면 결국 자신도 원하는 것을 얻지 못할 뿐 아니라, 상대방의 신뢰도 잃고 만다.

'아 다르고 어 다르다.'는 속담이 있다. 같은 말이라도 조사 하나만 바꿔도 말뜻이 달라진다는 뜻이다.

예를 들어, "이 서류 좀 빨리 부탁해."와 "이 서류도 빨리 좀 부탁해."는 조사 '도'에 의해 완전히 다른 의미가 된다.

"이 서류 좀 빨리 부탁해."는 다른 것보다 이것을 먼저 해달라는 의미로 들리고, "이 서류도 빨리 좀 부탁해."는 함께 진행하는 다른 작업과 마찬가지로 빨리 해달라는 뜻이다.

또한 한 단어가 여러 가지 의미로 쓰이는 경우도 많아, 누군가에게 부탁을 하거나 중요한 사항을 이야기할 때는 정확하게 의미를 전달하는 것이 좋다.

특히, 직장에서 업무를 지시하거나 자기의 의견을 말할 때는 원하는 것을 정확하게 설명해야 한다. 그렇지 않고 대충대충 말해 버리면 듣는 사람은 자기 나름대로 해석하여 일을 진행하기 때문에, 나중에 일을 다 끝내고 나서 보면 더 큰 오류가 생겨서 결과적으로 작업 시간이 두 배로 늘어날 수 있다.

'저 친구는 내가 이 정도만 말해도 스스로 알아서 할 거야.'

라든가, '일일이 말 안 해도 알아들어야지.'라는 생각은 그야말로 혼자만의 착각이다.

자신은 대충대충 말해 놓고 듣는 사람이 정확하게 일을 처리하리라고 기대하는 것은 1,000원을 주고 2,000원어치의 물건을 사오라고 하는 것과 같다.

어떤 사안에 대해 이야기할 때는 자신의 의견을 먼저 말해 주고, 설명하기 어려운 부분에 대해서는 예를 들어주면 의미가 가장 정확하게 전달될 수 있다. 그리고 상대방이 언제든지 물어볼 수 있게 배려하는 것도 잊지 않아야 한다.

"내 생각은 이런 게 좋을 것 같은데, 자네도 아이디어를 한 번 생각해 보게나. 자료는 도서관을 이용하면 제일 빠를 거야. 혹시 중간에 막히는 것이 있으면 언제든지 물어보게."

특히, 신입 사원은 모르는 부분이 있더라도 선뜻 물어보기가 쉽지 않다. 그런 점을 어려워하지 않도록 세심하게 배려해 준다면 일 처리의 완성도도 높아지고, 나중에 수정 작업도 훨씬 수월해진다.

듣는 사람의 입장에서도 '괜히 다시 물어보고 바보 취급당하느니, 알아서 적당히 하면 되겠지.'라고 생각한다면 반드시 사고를 불러일으키고 결국 후회만 남는다. 상대가 무슨 말을 하는지 이해가 안 되거나, 혹은 궁금한 것이 있으면 바로 물어보는 것이 좋다.

　적당히 알아들은 것처럼 해봐야 답답한 것은 자신이다. 어려워 말고 다시 한 번 확인해 보는 적극적인 태도가 필요하다. 좋은 결과는 항상 최선을 다하려는 자세에서만 나올 수 있다.

　서로를 충분히 이해시키고 확인하는 것만이 좋은 결과를 낳는다. 또한 자신의 생각을 확실하게 표현할 수 있는 사람이야말로 오해 없이 원만한 대인관계를 유지할 수 있다.

잘 듣는 것이
말을 잘하는 것보다 낫다

김 대리는 한참 이야기를 하는 중에 갑자기 기분이 언짢아졌다. 앞에 앉은 동료를 보니 딴생각을 하고 있는 듯했기 때문이다.

'뭐야, 난 열심히 말하고 있는데, 딴 짓을 하고 있어? 사람이 예의가 없잖아.'

김 대리는 더 이상 그와 얘기하고 싶지 않았다. 듣지도 않는 사람에게 말을 해봐야 자기 입만 아플 뿐이다. 이때부터 그 동료는 김 대리가 좋아하는 사람에서 싫어하는 사람으로 전락하고 말았고, 김 대리는 두 번 다시 그와 대화하지 않으리라 마음먹었다.

말하는 사람이 있으면 들어주는 사람도 있어야 한다. 말하기와 듣기가 적절한 비율로 배합되었을 때 비로소 대화가 즐거워지게 마련이다. 잘 들어주는 것은 상대방에 대해 예의를 갖추는 것이다.

대부분의 사람들이 듣기보다는 말하는 것을 좋아하기 때문에, 자신의 이야기를 열심히 들어주는 사람에게 호감을 갖는다. 별다른 말 없이 잘 들어주기만 해도 상대방은 유쾌한 대화였다고 기억할 것이다.

듣는 데도 요령이 있다. 말없이 가만히 있는다고 해서 말하는 사람이 무조건 좋아하는 것은 아니다. 듣는 사람이 별다른 반응이 없으면 말하는 사람은 자신의 이야기에 관심이 없는 것으로 생각한다.

그렇다면 상대의 말을 어떤 자세로 듣는 것이 좋을까?

첫째, 상대방의 말을 되풀이해 준다.

사람들의 이야기를 들어주는 것이 직업인 전문 상담원들은 자신의 생각이나 의견을 전혀 말하지 않으면서 상담자의 말을 되풀이한다.

"저는 지금 너무 슬퍼요."

상담원은 그 말을 다시 함으로써 상담자의 마음을 이해하고 있다는 것을 나타낸다.

"예, 많이 슬퍼 보이는군요."

또한, "이제 어떻게 하면 좋을까요?"라는 질문에도 자신의 생각을 먼저 말하지 않고, 조심스럽게 질문을 되돌린다.

"당신은 어떻게 했으면 좋겠습니까?"

어떻게 해야 하는지는 대개 상담자 자신이 잘 알고 있다. 다만, 그것을 확신하지 못할 뿐이다. 상담자는 자신의 고민을 상담원에게 말함으로써 자신감을 갖게 된다.

상담원은 굳이 어떤 방법을 제시하려고 하지 않는다. 따라서 상대방의 말을 반복하는 것만으로도 충분히 상담의 효과를 거둘 수 있다.

상담자는 자신의 고민을 들어주는 사람을 만났다는 것에

기쁨을 느끼는 것이다.

상담원이 상담자의 말을 반복해 주면, 상담자는 친밀감을 느끼게 된다. 자신의 이야기를 잘 받아준다는 기쁨 때문에 스스로 많은 말을 하게 된다. 그리고 그것이 상담원에 대한 호의로 발전하는 것이다.

둘째, 중간 중간에 맞장구를 치며 대화에 관심이 있다는 것을 표시한다.

"아, 그렇군요."라든가 "그래서 이렇게 된다는 말이군요." 등을 적절하게 사용하면 된다.

그러면 말하는 사람은 흥이 나서 이야기를 더욱 재미있게 할 것이고, 대화는 즐겁게 이어질 수 있다.

결국, 듣기를 잘하는 사람이 대화를 주도하는 것이다.

셋째, 적당히 질문을 한다.

"그런데?" 또는 "어째서?", "그러고 나서?"라는 식의 질문은 상대방의 말을 집중하여 듣고 있다는 느낌을 준다.

사람들은 대개 상대보다 내가 한마디라도 더 많이 해야 손해를 안 본다는 생각을 가지고 있는데, 사실 말을 잘 들어주는 것이 더 이로울 때가 많다. 우선 다양한 정보를 듣게 되고 상대방의 호감도 살 수 있기 때문이다.

잘 들어주는 것은 특히, 회사의 간부들이 가져야 할 중요한 태도이다. 지시하는 입장에서는 듣기보다는 말하기에 치중하게 되지만, 간부가 얘기를 잘 들어줄수록 직원들은 새로운 아이디어나 의견들을 많이 제시하게 된다. 그리고 그들과 대화를 하다 보면 젊은 사람들의 신선한 생각들을 많이 배울 수 있고, 그들만의 독특한 문화도 이해할 수 있다.

말을 잘하는 사람이 되기 위해서는 먼저 상대방의 이야기를 주의 깊게 들어야 한다. 잘 들어주는 것만으로도 충분히 대화를 이끌어 나갈 수 있고, 그렇게 되면 더 많은 사람들이 이야기를 나누기 위해 당신을 찾아올 것이다.

사람들은 말이 헤픈 사람보다는 말을 적당히 아끼는 사람을 더 신뢰한다.

자신이 하고 싶은 말을 참고 상대방의 말을 진심으로 들어주는 일이 사실 쉽지만은 않다. 하지만 그것은 자신의 화술을 개발하는 것만큼 중요하다.

사람은 자신의 입으로 말하는 것의 두 배를 귀로 들어야 한다는 말이 있다. 이것이 바로 사람이 두 개의 귀와 한 개의 입을 가지고 있는 이유이다.

빈틈을 보여서 인간미가
넘치는 사람이 되라!

사람으로 태어난 이상, 우리는 100퍼센트 완벽할 수는 없다. 아무리 완벽을 기한다고 해도 어딘가 허점은 있게 마련이다. 그런데 기본적으로 사람은 장점은 드러내려고 하지만, 단점은 애써 숨기려고 한다.

대화를 할 때도 자신의 좋은 점이나 잘한 일들은 말하기 좋아하지만, 실수한 것이나 창피당한 일은 숨기려고 한다.

하지만 너무 자신의 장점만을 내세우다 보면, 처음에는 사람들로부터 호감을 얻을 수 있을지 모르겠지만 점차 거부감을 주게 된다.

상대방이 그 사람은 실수도 안 하는 완벽한 사람으로 여기고 부담스러워하거나, 항상 자기 자랑만 일삼는 사람으로 인식하게 되는 것이다.

중국에 힘자랑하기를 좋아하는 왕이 있었다. 왕은 자신이 이 나라에서 제일 힘이 세다고 생각하였다.

신하들은 왕의 기분을 맞춰주기 위해 "왕께서는 이 나라에서 힘이 제일 세십니다."라고 치켜세우곤 했다.

그러던 어느 날 왕은 신하들을 데리고 사냥을 나갔다가 어느 백성에게 물었다.

"이 나라에서 힘이 제일 센 사람이 누구인지 아느냐?"

"예, 포궁이라는 사람입니다."

왕은 당연히 '왕이시옵니다.'라고 대답할 줄 알았는데, 한 번도 들어보지 못한 포궁이라는 자가 제일 힘이 세다고 말하자 기분이 언짢아졌다.

왕은 신하에게 당장 포궁을 데려오라고 명령했다. 포궁이라는 자가 도대체 얼마나 힘이 센지 직접 확인해 보고 싶었던 것이다.

하지만 왕은 자기 앞에 불려 온 포궁을 보고는 몹시 실망하고 말았다. 그는 겉으로 보기에 힘은커녕 병이라도 앓고 있는 사람처럼 매우 허약해 보였다.

왕은 포궁에게 넌지시 물어보았다.

"그대의 힘이 얼마나 세기에 백성들 사이에 소문이 자자한가?"

포궁이 머리를 조아리며 대답했다.

"소인은 여름철 매미가 일으키는 바람을 견뎌낼 수 있고, 가을철 메뚜기의 다리를 부러뜨릴 수 있사옵니다."

왕은 포궁의 말을 듣고 크게 놀라면서 말했다.

"나는 코뿔소 가죽을 찢을 수도 있고, 아홉 마리의 물소를 꼬리를 잡고 끌 수 있다. 그런데 어떻게 나보다 그대의 힘이 세다는 말인가?"

포궁은 낮은 목소리로 말했다.

"소인의 스승은 이 세상에서 그를 상대할 자가 없을 정도로 힘이 세었습니다. 그러나 스승님은 그 힘을 결코 자랑하지 않고 함부로 사용하지 않았기 때문에, 그의 가족들조차 그 사실을 알지 못했습니다. 이에 저는 부끄러움을 감출 수 없사옵니다."

왕은 그의 말을 듣고 크게 깨닫는 바가 있었다.

사람들은 상대가 왕일지라도 자랑만 일삼는 사람에게는 눈살을 찌푸린다. 그 사람을 부러워하며 존중하기보다는 '그래, 너참 잘났다.'라고 비아냥대는 마음이 더 크게 자리 잡는 것이다.

물론 요즘 같은 현대 사회에서 자신의 장점을 굳이 숨길 필요는 없다. 다만, 그것이 지나치면 오히려 화가 된다는 말을 하고 싶은 것이다.

사람들과 대화할 때, 자신의 장점을 말하기 전에 단점을 먼저 말해 보자. 상대방과 대화하는 것이 훨씬 쉬워질 것이다. 자신의 단점이나 실패담은 상대방에게 거부감보다는 인간미를 느끼게 한다. 상대방은 더욱 호감을 갖게 되고, 또한 진지하게 이야기를 들어줄 것이다.

'아하, 저 사람은 저런 점이 고민이겠구나.' 또는 '그래, 실패 없는 사람은 없는 법이야.'라는 공감대가 형성되기 때문에 대화는 더욱 따뜻해진다.

그런 다음 자신의 장점이나 성공담을 말한다면 상대방은 거부감 없이 쉽게 받아들일 수 있게 된다.

'그런 좋은 점도 있군.'이라든가, '역시 그런 실패들이 밑거름이 되어서 성공할 수 있었겠지.'라고 생각한다. 상대방은 당신의 장점이나 성공담을 당연한 결과로 인정하게 되는 것이다.

이렇게 사람들과 대화하는 것도 요령이 생기면 더욱 수월해진다. 자신의 장점과 단점을 이야기하는 순서만 바꿔도 상대방은 당신을 겸손하고 인간미 넘치는 사람으로 여기게 된다.

자신의 단점을 먼저 말해 보자. 그러면 자연스럽게 자신의 장점을 상대방에게 인식시킬 수 있다.

흥분은 일단 가라앉혀라!

😊 사회생활을 하다 보면 업무에 시달려서 스트레스를 받는 것 못지않게, 사람들을 대하느라 에너지를 다 빼앗기는 일이 허다하다.

특히 서비스업이나 상담 업무를 하는 사람들은 하루에도 수십 번씩 흥분한 고객들의 전화를 받아야 하기 때문에, 사람으로 인해 힘든 경우가 많다. 심지어는 직접 회사로 찾아오는 고객들도 있는데, 그들의 불만과 불편 사항을 상담하다 보면 기운이 쫙 빠진다. 그들 중에는 억지를 부리거나 생트집을 잡는 사람도 많은데, 그들을 잘 다루는 것도 능력이자 기술이다.

"아니, 이 회사는 어떻게 업무를 처리하기에, 매번 이러는 거야?"

갑자기 한 사나이가 소리를 지르며 사무실로 들어왔다.

새로 부임 온 김 소장은 깜짝 놀라 자리에서 일어섰다.

"여기 책임자가 누구야! 어디 있어?"

"예, 제가 책임자입니다. 저희 때문에 무슨 피해를 보셨습니까, 선생님?"

"당신네 회사가 하는 일이 도대체 뭐야? 왜 사람을 왔다 갔다 하게 하는 거야."

직원들은 '저 사람 또 시작이구먼.' 하며 소곤댄다.

"죄송합니다만, 무슨 일이신지요?"

"한두 번 이야기한 것도 아닌데, 왜 매번 이 영수증을……."

그 사람의 요구는 회사 규정상 들어줄 수 없는 것이었다.

그래서 매번 흥분하여 달려오는 것이었고, 그때마다 직원들은 "죄송합니다만, 회사 규정이 그렇습니다."만을 되풀이할 수밖에 없었다.

하지만 김 소장은 그 사람을 접대실로 데리고 가, 차근차근 이야기를 들으며 중간 중간 이렇게 말했다.

"죄송합니다. 그동안 굉장히 불편하셨겠군요. 제가 최대한 선생님의 사정을 배려하도록 회사에 건의해 보겠습니다."

그제야 그는 흥분을 조금 가라앉혔으며, 대화가 다 끝난 뒤에는 웃으면서 사무실을 나갔다.

"정말 죄송합니다. 최선을 다해 회사에 요구를 해보았지만, 그 사항은 어쩔 수 없었습니다. 불편하시겠지만……."

나중에 김 소장이 이렇게 양해를 구하자 사나이는 그저 "괜찮습니다."라고 말했다.

김 소장은 회사 규정을 어기지 않으면서도 문제를 원만하게 해결한 것이다.

그 남자는 처음에는 영수증을 처리하는 과정 때문에 화가 났지만, 나중에는 자신의 말을 무시하고 흘려버리는 직원들의 태도에 더 화가 났던 것이다.

김 소장이 그의 이야기를 성심껏 들어주고, 비록 관철되지는 않았지만 자신의 불편을 덜어주려는 성의를 보였기 때문에 그는 마음의 위안을 얻게 되었다.

흥분한 사람 앞에서는 우선 흥분을 가라앉히게 하는 것이 중요하다. 설사, 자신이 잘못한 일이 없다고 생각될 때도 일단은 고개를 숙이고 상대방의 말을 들어주려는 자세가 필요하다.

이것은 회사 업무에 있어서도 마찬가지다. 화가 난 상사의 말을 억지로 막으려고 하면 대화는 더욱 불가능해진다. 할 말이 있어도 우선 참고 들으면서, 상사가 흥분을 가라앉히기를 기다려야 한다.

괜히 "그게 아닌데요."라면서 상황을 설명하려고 해봐야 흥분한 상태에서는 상대의 귀에 들어가지 않는다. 오히려 변명만 늘어놓으려고 한다고 오해받기 쉽다. 그렇다고 아무 말도 하지 않고 무표정하게 서 있는다면 상사는 자신의 말을 무시하는 것으로 생각하게 된다.

먼저, 일이 잘못된 데 대해 사과의 말을 함으로써 상사의 흥분을 가라앉힌 다음 상황을 설명해도 늦지 않다.

"부장님이 흥분하신 것은 당연합니다. 따지고 보면 그 문제는……."

상사의 흥분을 이해하는 것으로 대화를 시작한다면, 상사는 오히려 자신의 행동을 미안해하며 상대방에게도 이야기할 기회를 주게 된다.

　홍분한 사람 앞에서는 상대방의 페이스에 말려들지 말고, 일단 자신부터 홍분을 가라앉혀야 한다. 그리고 그 다음에 상대방을 달랜 뒤 차근차근 설명한다면 대화는 훨씬 수월해진다.

최고의 무기는
진실한 마음이다

자신의 생각이나 마음을 사람들에게 이야기할 때, 그 말에 진실이 담겨 있다면 상대방은 분명히 감동을 받게 된다.

진실한 말은 화려한 미사여구 이상의 감동을 주지만, 겉치레뿐인 말은 아무리 화려해도 사람의 마음을 움직일 수 없다. 그 말 속에는 아무런 감정이 없기 때문에, 화려함 속에서 텅 빈 공간을 발견하게 된다.

영국의 빅토리아 여왕은 남편 앨버트 공과 사소한 일로 말다툼을 하게 되었다.

앨버트 공이 화가 나서 자기 방으로 들어가 버리자, 여왕은 미안한 생각이 들어 무조건 남편에게 사과하기로 결심했다.

그리고 남편의 방문을 두드렸다.

"누구요?"

퉁명스러운 남편의 목소리가 들려왔다.

"영국의 여왕입니다."

그러나 문은 열리지 않았다. 여왕은 다시 노크를 했다.

"누구요?"

"영국 여왕이요."

역시 문은 열리지 않았다. 여왕은 너무 화가 나서 집무실로 돌아가 버렸다.

한참을 고민하던 여왕은 되돌아와 다시 노크를 했다.

"누구요?"

"당신의 아내입니다."

그러자 남편의 방문이 열렸다.

진실한 말은 상대방을 존중할 때 나온다.

빅토리아 여왕이 한 나라의 여왕에서 '한 남자의 아내'로 돌아가 남편을 대했을 때, 그는 아내가 자신을 존중한다는 것을 인식한 것이다.

정 대리의 일이 성공적으로 이루어져 주변의 많은 동료들이 축하의 말을 건넸다.

이 대리가 먼저 정 대리에게 말했다.

"좋겠네. 이번 일이 이렇게 잘됐으니 앞으로 자네 앞날은 탄탄대로이겠군."

이번에는 김 대리가 축하 인사를 건넸다.

"축하하네. 그동안 열심히 하더니 드디어 결실을 맺었군."

이 경우 이 대리의 말은 아무래도 진심에서 나왔다기보다는 조금은 질투심이 섞인 것처럼 들린다.

하지만 김 대리의 말은 진심에서 우러나온 말이라는 것을 알 수 있다. 힘들게 얻은 결과임을 인정해 주고, 정 대리의 노력을 높이 평가해 준 것이다. 같은 축하라도 그 사람의 속마음에 따라 이렇게 말이 다르게 나온다.

마음에서 우러나오지 않는 말을 할 때는 말하는 자세부터 불성실해진다. 그러다 보면 상대 또한 좋은 말을 듣고서도 마음 한편이 개운치 않고, 축하의 인사도 부담스러워진다.

적어도 대화를 나누려면 최소한 상대를 존중하는 마음이 있어야 한다. 그것이 기본 바탕을 이뤄야만 원만한 대인관계를 유지할 수 있다. 서로를 존중할 때 서로의 마음과 마음이 연결되고, 인간적인 결속력이 생기는 것이다.

진실한 말은 오래도록 기억된다. 다른 사람이 자신에게 먼저 진실한 마음을 보여주기를 기대하지 말고, 자신이 먼저 그에게 진실한 마음의 문을 열어야 한다. 그것이 모든 사람들에게 환영받을 수 있는 길이다.

상대방을 존중하는 마음을 갖자. 그렇게 하면 그 마음속에서 진실함은 저절로 배어 나온다.

칭찬에도 기술이 필요하다

칭찬은 많이 할수록, 자주 할수록 좋다. 하지만 칭찬 한마디를 하더라도 효과적으로 전달하기 위해서는 지켜야 할 원칙이 있다.

첫째, 칭찬은 YES, 아첨은 NO!

칭찬의 말을 하면 누구나 기분 좋게 듣지만, 그것이 지나쳐 아첨이 되어버리면 안 하느니만 못하다. 아첨은 상대나 주위 사람들에게 불쾌감만 줄 뿐이다. 아첨은 이기적인 목적을 가지고 거짓말을 하는 것이다. 반면에 칭찬은 상대의 좋은 점을 발견해서 그 사람에게 그 장점을 알려주는 것이다. 아첨이 혓바닥 끝에서 생겨나는 것이라면, 칭찬은 마음속에서 우러나오는 것이다. 따라서 칭찬의 말을 할 때는 사실을 바탕으로 해야 한다.

둘째, 한 우물을 파라.

칭찬하면 좋다고 해서 상대를 무조건적으로 추켜올리면 안 된다. 칭찬할 때는 어떤 한 가지를 정해서 구체적으로 칭찬해야 진실성이 있어 보인다. 막연하게 "당신은 정말 아름답군요."라고 하는 것보다는 "속눈썹이 숱이 많고 길어서 무척 신비로워 보입니다."라고 하면, 상대는 자신에게 적극적으로 관심을 가지는 것을 알고 당신을 다시 보게 될 것이다.

셋째, 칭찬은 타이밍이 중요하다.

늦으면 아무 소용이 없다. 칭찬은 무엇보다 타이밍이 중요한데, 좋다고 느끼는 것이 있다면 그 자리에서 바로 칭찬해야 한다. 한참 지난 뒤에 뜬금없이 칭찬해 주는 것은 아무런 효과가 없으며, 오히려 듣는 사람이 당황스러워한다.

이제 주위의 가족이나 동료에게 아낌없는 칭찬의 말을 해보자. 모름지기 칭찬하는 사람이 칭찬받는 법이다.

PART 3
유머 감각을 키우는 15가지 방법

유머는 여유 있는
자세에서 나온다

사람들은 임 대리와 대화하는 것을 무척 즐거워한다. 그와 이야기를 나누다 보면 우울했던 마음이나 화가 났던 마음도 어느새 사라지고, 그의 이야기에 빠져들게 된다. 심지어 화를 내며 따지러 왔던 사람도 그와 대화를 하다 보면 결국에는 입가에 미소를 지으며 그 자리를 뜬다.

임 대리와 이야기를 나누는 사람들은 자신도 모르는 사이에 그의 페이스에 끌려가게 되지만, 그 사실을 기분 나빠하기는커녕 오히려 "저 사람 무척 재미있는 사람이군." 하며 호감을 갖는다.

그런데 임 대리의 어떤 점이 사람들의 마음을 끄는 것일까?
그가 말하는 것을 유심히 살펴보면, 유머 감각이 풍부하다는 사실을 발견하게 된다. 재치 있고 재미있는 말로 사람들을 즐겁게 해주는 것이다.

재미있는 말 한마디는 사람들의 마음을 자연스럽게 열어주므로, 서먹서먹하고 딱딱한 분위기를 부드럽게 만들어 준다. 그러다 보면 거부감을 주지 않으면서도 자신의 페이스대로 대화를 이끌어 갈 수 있다.

재치 있는 임 대리는 의도했든 그렇지 않든 자신이 가진 유머 감각 덕을 톡톡히 보는 것이다.

대부분의 사람들은 여럿이 모인 자리에서 항상 주목받는 임 대리 같은 사람을 매우 부러워한다. 그리고 마음 한편으로는 자신도 그렇게 재치 있는 말을 해서 사람들의 호감을 얻고 싶어한다.

정 대리도 임 대리를 부러워하는 사람 중의 하나다. 그래서 그는 임 대리처럼 해볼 요량으로, 신문에서 재미있는 유머를 보거나 친구들에게 재미있는 얘기를 들으면 머릿속으로 그것을 곱씹으며 외워두었다가 동료들에게 말해 본다. 하지만 임 대리가 했던 얘기를 다른 자리에 가서 말해 봐도 반응은 영 신통치 않다.

정 대리는 그 이유를 알 수가 없다. 자신이 말을 못하는 것도 아니고 이야기를 빠트린 것도 아닌데, 왜 사람들의 반응은 임 대리가 했을 때와 다른 것일까?

그 이유는 정 대리의 일상생활을 보면 금방 알 수 있다.

그는 사람들이 인사를 하면 "어, 잘 지냈어?"라고 말한 뒤 "그래, 요즘 어때?"라고 하기보다는 "내가 말이야. 요즘……." 하고 자기 얘기만 늘어놓는다. 그리고 상대방의 얘기가 끝나지 않았는데도 "그래그래, 알았어. 그런데 난 말이야……."라며 중간에 말을 잘라버린다.

이것은 일을 할 때도 마찬가지다.

"정 대리, 이거 급한 거니까 빨리 해야 돼."라고 동료가 말하면, 그는 "어, 그렇게 급한 거라고? 하던 일도 마무리해야 하는데 이거 어떻게 한다?" 하며 빨리 할 수 있는 방법을 생각하기보다는 허둥지둥 헤매기 일쑤다. 급하다는 것에만 얽매이다가 오히려 고민은 고민대로 하고, 일은 일대로 잘 되지 않는다.

하지만 같은 말을 들어도 임 대리의 태도는 조금 다르다.

그는 "급한 것은 알겠는데, 새까맣게 탄 콩은 맛이 없는데……."라고 말하며, 조급해하지 않는다. 그러고는 한술 더 떠 "번갯불에 콩 볶아 봐야 타기밖에 더 하겠어?"라는 유머로 화답하며, 항상 여유 있는 태도로 일을 완벽하게 마무리한다.

재미있게 말하는 것도 마찬가지다. 여유 있게 차근차근 말하지 않으면 제대로 효과를 볼 수 없다. 그야말로 '번갯불에 콩 볶듯이' 하면 듣는 사람은 상대가 무슨 말을 하는지, 어느 대목에서 웃어야 할지조차 알 수 없다.

누군가와 대화를 할 때는 글을 읽듯이 단숨에 말하기보다는 듣는 사람이 "그래서 어떻게 됐나?" 하고 말하도록 호기심을 키운 다음 결정타를 터뜨려야 상대방의 웃음을 끌어낼 수 있다.

재치 있기로 유명한 개그맨들을 보면 대부분 말을 많이 하지 않는다. 말하기 전에 상대의 말을 가만히 듣고 있다가, 시청자들이 무슨 말을 할까 하고 잔뜩 기대하고 있을 때 한마디 툭 내뱉는 경우를 자주 볼 수 있다.

마음이 급하면 제대로 타이밍을 맞추기도 어렵고 상대방의 말에만 집착하게 되어 더 이상 다른 생각을 할 수가 없게 되므로, 재치 있는 말 또한 나오지 않는 것이다.

영국에 곤란한 질문을 해서 남을 골탕 먹이기 좋아하는 관리가 있었다.

어느 날, 유명한 소설가이자 목사인 스위프트를 만난 자리에서도 그의 악취미는 어김없이 발동했다.

관리가 거드름을 피우며 스위프트에게 물었다.

"선생, 악마와 목사 사이에 소송이 일어난다면 어느 쪽이 이

기겠습니까?"

관리가 자신을 조롱하고 있음을 금세 알아차린 스위프트는 마음속으로는 무척 불쾌했지만 겉으로는 웃으면서 말했다.

"당연히 악마가 이기지 않겠소?"

관리는 의외라는 듯한 표정으로 말했다.

"참으로 뜻밖의 대답이군요. 그 이유가 무엇인지 말씀해 주시겠습니까?"

스위프트는 여유 있게 웃으며 대답했다.

"그거야, 관청의 관리들이 모두 악마 편이기 때문이지요."

이 말을 들은 관리는 한마디 대꾸도 하지 못하고 얼굴을 붉

히며 재빨리 그 자리를 떴다.

스위프트가 성급한 사람이었다면 관리의 말을 듣자마자 버럭 화를 내며 어떤 의도로 그런 말을 하느냐고 따져 물었을 것이다. 그랬더라면 관리의 코를 납작하게 해주기는커녕 오히려 그가 의도한 대로 무례한 사람 취급을 받았을지도 모른다.

이처럼 마음에 여유가 있어야만 마음속의 분노를 다스리고 감정을 조절하여 상대방의 공격에 재치 있게 응수할 수 있다. 화가 나거나 짜증이 나는 순간에도 마음을 다스릴 수 있어야 한다.

만원버스 속에서, 발 디딜 틈 없는 전철 속에서, 이런저런 구박을 하는 상사 앞에서, 실패로 끝난 프로젝트 앞에서도 마찬가지다.

여유를 가질 때 이 모든 감정들을 초월할 수 있으며, 모든 것을 긍정적으로 받아들일 수 있다. 찡그리고, 자책하고, 화를 낸다고 해서 달라질 것은 없다. 오히려 상황만 더욱 악화시킬 뿐이다.

여유를 갖고 말할 때 삶 자체도 바뀔 수 있다.

유머 감각을 익히기 위해
남과 자신을 모니터링하라!

'천재는 99퍼센트의 노력과 1퍼센트의 영감으로 이루어진다.'는 발명가 에디슨의 말은 노력하는 자만이 성공할 수 있다는 평범한 진리를 담고 있다.

유머 감각 또한 타고나는 것이 아니라, 노력에 따라 얼마든지 향상시킬 수 있다.

누구나 남을 잘 웃기거나 재치 있게 말하는 사람들을 부러워하고, 그렇게 되고 싶어 한다. 그러면서도 그런 사람들은 원래 말 잘하는 재능을 타고난 것이며, 자신에게는 그런 재주가 없다고 말한다. 이렇게 스스로 타고난 유머 감각이 없다고 생각하는 사람들은 뒷전에 서서 단지 재미있게 웃어줄 뿐이다.

그러나 유머 감각은 결코 타고나는 것이 아니다. 물론 어려서부터 집안 분위기나 주위 환경에 의해 자연스럽게 몸에 배는 경우도 있지만, 그것만이 개인의 유머 감각 유무有無를 결정하는 것은 아니다.

재치 있게 말하는 데도 연습이 필요하다. 말 잘하기로 유명한 개그맨들의 경우를 살펴보면, 몇몇 순발력이 뛰어난 개그맨들이 즉석에서 애드리브를 하는 경우도 있지만, 대부분의 개그맨들은 카메라 앞에 서 있는 단 몇 분을 위해 열 배가 넘는 연습 시간을 투자한다. 그리고 어느 정도 자신의 직업적 한계가 느껴지면, 감각을 키우고 발전시키기 위해 한동안 방송 출연을 중단하거나 유학을 떠나는 것을 흔히 볼 수 있다.

물론, 처음부터 여러 사람들 앞에서 재미있게 말할 수는 없다. 그러나 할수록 느는 것이 말이다. 대화하기 편한 자리에서부터 이것저것 말을 하다 보면 자연스럽게 요령이 생기게 마련이다.

자신의 이야기에서 어떤 부분이 재미없는지, 혹은 말하는 방법이 잘못된 것은 아닌지 상대방에게 모니터링을 부탁해 보거나, 재미있게 말하는 사람들을 유심히 관찰하는 것도 좋은 방법이다. 그들이 말하는 스타일과 비교해 보면 무엇 때문에 자신의 이야기가 재미없는지 알 수 있다.

유머 감각도 많은 연습을 통해 발전시킬 수 있다. 꾸준히 연습하면 어떤 유머도 자신의 것으로 소화할 수 있으며, 똑같은 유머를 그대로 다른 사람에게 옮기는 '앵무새'에서 벗어나 새로운 이야기를 가미해 더욱 재미있게 말할 수 있다.

자신감이 있어야
웃길 수 있다

동료들의 재미있는 유머에 마음껏 웃고 있던 이 주임에게 한 동료가 불쑥 말했다.

"자네는 뭐 아는 이야기 없나?"

"응? 글쎄, 난 뭐……."

이 주임은 며칠 전에 친구에게 들은 이야기가 문득 생각났지만, 왠지 말을 꺼내기가 망설여졌다. 그때 다른 동료가 나서며 말했다.

"내가 어제 들은 이야기인데, 영화배우 최민수가……."

동료들은 이야기를 듣는 순간 웃음을 터뜨리고 즐거워했지만, 이 주임의 마음은 씁쓸했다. 자신이 조금 전에 할까 말까 망설이던 그 이야기였기 때문이다. '내가 했더라면 좋았을 텐데.'라는 아쉬움이 남지만 이미 때는 늦었다.

이 주임은 매번 머릿속으로 재미있는 이야기나 재치 있는 말이 떠오르지만 선뜻 말로 내뱉지는 못한다. '내가 이 이야기를 했다가 아무도 웃지 않는다면…….'이라든지, '괜히 좋은 분위기 망치지 말고 가만히 있자.' 혹은 '가만히만 있으면 중간은 간다는데…….'라는 생각이 앞서기 때문이다.

그러한 생각은 유머뿐 아니라 다른 일에 있어서도 전혀 도움이 되지 않는다. 자꾸 그렇게 생각하면 그나마 있는 유머 감각도 퇴보시킬 뿐이다.

말을 하는 데는 우선 용기가 필요하다. 자신감 있게 사람들 앞에서 말을 해보자. 그래도 핀잔 받는 것이 걱정된다면 미리 그에 대응할 말을 준비해 둘 수도 있다.

자신이 재미있다고 한 얘기에 상대방이 '너무 썰렁하다.'라는 식의 반응을 보이면 "그래? 내가 좀 더워서 말이야."라는 식으로 말하며, 더 적극적으로 응수한다. 또 "그건 삼국시대 이야기야, 몰랐어?"라며 상대방이 핀잔을 주면 "유머라는 것이 돌고 도는 거지, 뭐."라고 가볍게 받아들이는 것만으로도 충분히 분위기를 바꿀 수 있다.

그렇게 응수하면 오히려 상대방이 잠시 할 말을 잃을 것이다. 그러면 그 기회를 놓치지 말고 화제를 다른 쪽으로 돌리거나, 자연스럽게 웃어넘기면 그만이다.

재치 있는 말은 머릿속으로 생각하는 데서 그치는 것이 아니라, 말로 표현했을 때 더욱 빛난다. 그 결과에 대해 미리부터 걱정한다면, 말할 기회조차 다른 사람에게 빼앗기고 만다.

상대를 배려하는
유머가 대접받는다

사람들과 어울려 살아가는 데는 지켜야 할 기본적인 예의범절과 규칙들이 있다. 이것을 잘 지키는 사람은 여러 사람들과 원만한 관계를 유지하지만, 사람들을 함부로 대하고 자기 생각대로만 행동한다면 주위에 사람들이 모여들기는커녕 따돌림만 받게 된다.

마찬가지로 말을 할 때도 기본적인 예의가 있다. 특히, 웃기려고 한 유머를 듣고 상대가 오히려 기분 나빠한다면 그 말은 안 하느니만 못하다.

상대방의 입장을 이해하고 함께 공유할 수 있는 유머가 진정한 유머다. 이것을 염두에 두고 말한다면 기본적인 예의를 지키는 것은 그다지 어렵지 않다.

말이라는 것은 일단 한 번 나오면 주워 담을 수 없기 때문에, 입으로 내뱉기 전에 한 번 더 생각하는 지혜가 필요하다. 사람들은 기분 좋은 말보다 자신에게 상처를 주는 말을 더 오래 기억한다. 더욱이 자신의 신체적 결함이나 약점을 건드리는 말은 마음의 상처가 되어 오래 남는다. 따라서 말을 하기 전에 세심한 주의가 필요하다.

의도적이든 그렇지 않든 상대방의 자존심을 건드리는 말들은 언젠가는 자신에게 되돌아오게 마련이다.

아무리 재미있는 유머라 하더라도 때로 상대방에게 상처를 줄 수 있기 때문에 말하기 전에 상대방이 그 유머를 받아들일 수 있느냐, 없느냐를 신중하게 판단해야 한다.

마이크로소프트사의 빌 게이츠가 드디어 임종을 맞게 되었다. 눈앞에 천사들이 나타나 천당과 지옥을 보여주면서 마음에 드는 곳을 고르라고 말했다.

천사들이 보여주는 천당은 기대와는 달리 지상과 별반 다른 것이 없어 보였다. 하지만 지옥은 생각했던 것과 달랐다. 온갖 화려한 보석들이 가득하고, 여기저기 반라의 미녀들이 하프를 연주하고 있었다. 게다가 강물에는 달콤한 꿀이 흐르고, 나무에는 돈 다발이 주렁주렁 열려 있어 눈이 휘둥그레졌다.

빌 게이츠는 주저 없이 지옥을 선택하였다.

하지만 지옥에 도착한 빌 게이츠는 깜짝 놀라고 말았다. 천사들이 보여준 지옥의 풍경은 온데간데없고 사방이 불구덩이요, 악마들이 지켜보는 가운데 사람들은 중노동에 시달리고 있었다.

두려움에 떨며 빌 게이츠는 염라대왕에게 물었다.

"어찌하여 저에게 보여준 지옥 모습과 이렇게 다를 수가 있습니까?"

그러자 염라대왕이 음산한 목소리로 말했다.

"그건 데모 버전이었느니라."

요즘은 컴퓨터가 많이 보급되어 이 정도의 유머를 이해하지 못하는 사람은 드물 것이다. 하지만 나이 든 사람들에게는 아직도 컴퓨터가 넘어야 할 산 중의 하나이다. 그들에게 이 유머는 이해할 수도 없는 이야기일 뿐 아니라, 그들의 가슴에 다시 한 번 '컴맹'이라는 자격지심을 불러일으키게 된다. 또한 자신을 비꼬는 말로 지레 받아들여, 불쾌감과 동시에 '저 녀석은 이 자리에서 할 이야기가 그것밖에 없나?'라고 생각하며 적대감마저 갖게 될 수도 있다.

상대가 이해하지 못할 이야기나 불쾌감을 주는 유머는 하지 않는 것이 좋다. 그런 유머는 유머로서의 기능을 상실했을

뿐만 아니라 상대방과의 유대관계에도 좋지 않은 결과를 가져온다.

이야기를 하기 전에 주위를 한 번 살펴보자.

이 세상에는 다양한 사람들이 살고 있다. 세대 차이뿐만 아니라 서로 다른 사고방식과 문화적 차이로 인해 똑같은 이야기라 하더라도 엉뚱한 오해를 불러일으킬 수 있다.

함께 즐길 수 있어야 유머의 즐거움이 커지고, 서로의 관계도 더욱 굳건해진다.

철저한 준비가
대박을 터뜨린다

뛰어난 유머 감각으로 처음 만나는 사람들과도 대화를 쉽게 풀어가는 한 사업가가 있었다. 그의 이야기는 매번 새로울 뿐만 아니라 분위기에도 잘 맞아, 그와 마주앉은 사람들은 이내 낯선 자리라는 부담을 덜고 편하게 웃을 수 있다. 그리고 그 사업가는 이처럼 편한 분위기 속에서 사람들을 쉽게 설득하곤 한다.

이 사업가가 매번 다양한 유머를 적절히 사용할 수 있었던 것은 바로 평소에 꼼꼼히 정리해 둔 유머 파일 덕이다.

그 사업가의 서재 한쪽에는 '유머 자료'라는 라벨이 붙은 파일이 하나 있다. 그 파일 안에는 신문이나 잡지에서 오린 재미있는 이야기뿐 아니라 재치 있는 말들을 적어놓은 메모 조각들이 들어 있다.

그는 사람들을 만나기 전에 그 파일 중에서 분위기에 어울릴 만한 이야기를 읽고, 심지어는 말하는 연습을 하기도 한다. 그는 이렇게 유머를 사업의 주요한 수단으로 이용한다.

재미있는 이야기 소재는 우리 주변에 널려 있다. 앞의 사업가처럼 조금만 관심을 기울인다면 쉽게 새로운 이야기를 찾을 수 있고, 또 자기 것으로 소화시킬 수 있다.

새로운 이야기를 습득하는 데는 여러 가지 방법이 있다.

가장 쉬운 것은 정보매체를 이용하는 것인데, 신문에 있는 '유머란'을 활용하면 손쉽게 소재를 얻을 수 있다. 또한 '시사만평'이나 만화를 보고 재미있는 대목을 살짝 기억해 두었다가 적절히 활용해 본다. 이런 모방을 시작으로 해서 새로운 이야기가 탄생하는 것이다.

신문뿐 아니라 재미있는 이야기를 모아놓은 책이나 인터넷 사이트를 이용하면 더욱 다양한 유머를 만날 수 있다. 특히 인터넷에서는 매일 여러 종류의 이야기가 쏟아져 나오기 때문에 짧은 시간에 새로운 이야기를 많이 접할 수 있다.

단, 그것들 중에 자신에게 맞는 것을 적절하게 선별하는 것이 중요하다. 진부한 소재는 자칫 역효과를 불러일으키기 때문이다.

다음으로, 텔레비전이나 라디오 프로그램의 토크 코너를 잘 들어두었다가 그 프로를 보지 않은 동료들에게 하나씩 이야기를 해준다. 그것을 듣고 사람들이 흔쾌히 웃는다면 그날 하루는 내내 즐거울 것이다.

　그 외에 저녁식사를 한 뒤 가족들과 어울려 재미있는 이야기를 주고받아도 많은 도움이 된다. 특히, 십대들에게 요즘 유행하는 말이나 유머 시리즈를 듣는 것은 가장 최신의 유머를 접할 수 있는 방법이다.

유머는 주고받아야 즐거워진다

대화는 두 사람 이상이 모여 서로 이야기를 주고받는 것을 말한다. 다른 사람의 말은 무시하고 혼자 떠드는 것은 연설이나 독백에 지나지 않는다. 자신이 말한 만큼 상대방의 말을 들어주고, 또 그 사람에게도 말할 기회를 주어야 원활한 대화가 이루어진다.

유머도 마찬가지로 주고받으며 이야기해 나가는 자세가 중요하다. 자신의 유머에 다른 사람들을 참여시키면 이야기는 더욱 재미있어진다.

말을 잘하는 연설가들도 일방적으로 자기 이야기만을 전하려 하지는 않는다. 아무리 달변가라 해도 청중들을 무시한 채 말하면 거부당하기 마련이다. 청중들의 반응을 이끌어 내며 연설해야만 호응이 크다.

개인적인 대화에서도 마찬가지다. 아무리 재미있게 얘기한다 하더라도 혼자만 일방적으로 말을 한다면, 상대방은 금방 거부 반응을 일으킬 것이다.

그렇다고 상대방이 무언가 말을 하기만을 무작정 기다리는 태도는 분위기를 어색하게 만들 뿐이다. 상대방이 말문을 열지 못하고 우물쭈물한다면, 자신의 이야기에 상대방을 끌어들여 대화가 자연스럽게 이어지도록 해야 한다.

한 컴퓨터 회사가 음성만으로 완벽하게 작동되는 운영체제를 개발했다. 당황한 마이크로소프트사의 빌 게이츠는 비밀리에 해커를 고용해, 시연회 때 프로그램을 파괴하기로 계획을 세웠다.

며칠 후, 프로그램 시연회가 열렸다. 그 장소에 잠입해 있던 마이크로소프트사의 해커는 컴퓨터 전원이 들어오는 순간 이렇게 외치고는 쏜살같이 달아났다.

"포맷 시작! 엔터!!"

사람들이 이 이야기를 듣고 함께 웃을 때 이렇게 말해 보자.

"그 회사 사람들이 얼마나 황당했겠습니까? 과장님도 컴퓨터로 작업한 것을 순식간에 날린 적이 있으시죠?"

　이렇게 대화를 유도해 나가면서 상대방을 좀 더 적극적으로 대화에 참여시키는 것이다.

　물론 이때는 상대방이 쉽게 참여할 수 있는 화제를 꺼내야 한다. 자칫 어려운 화제를 꺼내면 상대방은 말문을 열기는커녕 오히려 당신이 자신을 궁지에 몰아넣고 있다는 생각을 가질 수도 있다.

　대화는 다른 사람들과 관계를 맺는 데 기본적으로 필요한 수단이다. 그래서 대화를 잘하는 사람은 원만한 대인관계를 맺을 수 있다. 여기에 적절한 유머가 가미된다면 대화는 더욱 즐거워질 것이다.

자연스럽게 상대방을 자신의 화제에 끌어들여 잠자코 듣기만 하는 사람의 말문을 열 수 있다면, 서로를 좀 더 깊이 이해할 수 있을 뿐 아니라 유머의 즐거움도 더욱 커진다.

나는 지난번 너의 반응을
기억하고 있다?

"하하하."

모두들 김 대리의 이야기에 웃고 있지만, 유독 허 대리만은 무표정하다. '뭐 그런 것을 가지고 웃느냐?'는 표정을 지으며, 웃고 있는 사람까지 유치한 사람 취급한다.

하지만 허 대리가 모든 사람의 이야기에 이런 반응을 보이는 것은 아니다. 그도 다른 사람의 이야기에는 크게 웃으며 재미있어하는데, 유독 김 대리의 이야기에는 예민한 반응을 보이는 것이다.

호감이 가는 사람이 말하는 유머는 다소 재미없다 하더라도 조금은 웃게 된다. 상대방이 무안해할까 봐 일부러라도 웃어주는 것이다. 하지만 자신이 잘 모르는 사람이거나, 사이가 좋지 않은 사람일 경우 아무리 재미있는 유머를 꺼내 놓더라도 웃음이 잘 나오지 않는데, 이는 마음을 닫고 있기 때문이다.

이렇게 누군가가 들려주는 이야기를 듣고 웃느냐 그렇지 않느냐는 자신에게 상대방을 배려하는 마음이 있느냐 없느냐에 달려 있다. 상대방에게 마음을 열고 귀를 기울일 때는 그 사람의 말이나 이야기가 제대로 들리지만, 그렇지 않을 때는 상대의 이야기에 거부감을 갖게 된다.

간혹 다른 사람들의 이야기는 자신이 말할 때보다 더 재미없다고 생각될 때가 있는데, 자신의 유머가 재미있는 것은 상대방이 그만큼 즐겁게 웃어주기 때문이다.

자신의 이야기를 듣고 사람들이 즐거워하는 만큼, 다른 사람들의 이야기에도 많이 웃어주어야 한다. 다른 사람의 유머에는 시큰둥하면서 자신의 유머에 다른 사람들이 웃어주기를 바라는 것은 이기적인 생각이다.

상대방의 이야기가 다소 재미없더라도 기꺼이 웃을 수 있는 사람이야말로 진정으로 유머를 즐길 수 있는 사람이다. 그리고 그것을 자연스럽게 다른 유머나 화제로 옮길 수 있다면 당신은 대화를 능숙하게 이끌어 가는 주체가 될 수 있다.

독일의 철학자 쇼펜하우어는 '세계는 비참한 사람에게만 비참하고, 공허한 사람에게만 공허하다.'고 말했다. 받아들이는 사람의 자세가 비관적이면 아무리 재미있는 유머라도 하찮은 이야기가 될 뿐이다. 하지만 재미없는 유머도 받아들이는 사람이 즐겁게 받아주면 더욱 재미있어진다.

그 누구의 유머라도 웃어주려고 노력하자. 때로는 재미있는 이야기를 하는 것보다 한바탕 웃어주는 것이 더 중요할 때가 있다.

유머에도 때와 장소가 있다

동창들과의 모임에 허겁지겁 도착한 정씨는 자리에 앉으며 "늦게 와서 미안하다."고 말했다. 그리고 분위기가 처져 있는 것 같다며 다짜고짜 "내가 재미있는 이야기를 알고 있는데⋯⋯."라며 말하기 시작했다.

한 친구가 당황한 표정으로 "잠깐만, 그 이야기는⋯⋯." 하며 주의를 주려 했지만, 정씨는 그 친구의 말을 끊으며 자기 이야기를 늘어놓았다.

"내가 먼저 할게. 금방 끝나. 뭐냐면, 사오정 삼형제가 식당에서 주문을 하는데, 첫째가 '난, 설렁탕'이라고 했어. 그랬더니 둘째가 '그럼, 난 설렁탕'이라고 주문하자, 셋째가 뭐랬는지 알아? 하하하, 글쎄, '형, 하나로 통일해야 빨리 나온다 말이야. 그냥 설렁탕으로 통일하자, 알았지? 아저씨, 여기 설렁탕 세 개!'

라고 했다지 뭐야?"

정씨의 이야기를 들은 친구들은 아무도 웃지 않았다. 그들은 지금 친구의 아버님이 위독하다는 소식을 듣고 위로의 말을 건네고 있던 중이었다.

늦게 왔기 때문에 분위기 파악을 못해서 그랬다고는 하지만, 친구들은 그를 더 이상 좋은 눈으로 보려고 하지 않는다. 더구나 매번 이런 식이라면 '저 녀석은 매번 저런다니까.'라고 생각하며 아예 포기해 버린다.

이렇게 유머가 언제, 어느 장소에나 어울리는 것은 아니다. 잘못된 유머는 분위기를 오히려 악화시킨다.

유머의 생명력은 적절한 타이밍이다. 웃겨야 한다는 강박 관념에 사로잡혀 엉뚱한 때에 유머가 나온다면 오히려 사람들의 반응은 냉담해진다. 그렇게 되면 애초의 의도와는 달리 대화가 끊기고, 유머를 구사한 사람은 공연히 실없는 사람 취급을 받는다.

　　딱딱한 대화는 금방 사람을 지루하고 지치게 만들기 때문에 사람들은 주로 유머를 쓰게 되는데, 대화 중간 중간에 지루함을 없애주는 유머를 구사하면 화기애애한 대화 분위기를 만들 수 있다.

　　그러나 미리 준비해 둔 유머가 있더라도 적절한 타이밍을 놓쳤다든지, 웃을 만한 분위기가 아니라면 과감하게 포기하는 것이 좋다. 아닌 밤중에 홍두깨 같은 뜬금없는 유머는 유머로서의 기능을 발휘하지 못하기 때문이다. 유머를 사용하지는 못하더라도 최소한 스스로를 어리석은 사람으로 만들지는 말아야 한다.

　　순발력 있는 유머는 사람들의 마음을 사로잡을 수 있으며, 준비된 유머는 분위기를 부드럽게 만들어 당신의 이미지에도 플러스 요소가 된다. 하지만 그런 효과는 적절한 타이밍과 맞물렸을 때 나오는 것이다.

알아야 웃길 수 있다.
다양한 유머 소재를 개발하라!

유머는 이야기를 듣는 사람이 재미있게 듣고 웃어야 의미가 있다. 아무리 재미있는 이야기라도 듣는 사람이 이해하지 못하면 소용없는 것이다.

반대로, 만일 누군가의 이야기를 들었을 때 다른 사람들은 배를 움켜잡고 웃는데, 정작 자신은 무슨 뜻인지조차 모를 때가 있다. 유머도 아는 만큼 들리고, 아는 만큼 웃을 수 있다.

또한 유머를 얘기할 때도 듣는 사람이 이해할 수 있는 것이 거나, 혹은 만나는 장소나 분위기에 맞는 이야기여야만 대화가 원활하게 이루어진다.

정치가 화제로 오른 자리에는 정치를 풍자하는 이야기가 대화의 분위기를 살릴 수 있다. 아무리 재미있는 신세대 유머라도 그런 자리에서는 사람들의 공감을 얻을 수 없다. 반대로 정치에 관심이 없다며 그런 이야기를 아예 외면하다 보면 그 자리에서 꿀 먹은 벙어리가 될 수밖에 없는 것이다.

국사 선생님이 맹구에게 물었다.
"맹구야, 이토 히로부미를 누가 죽였지?"
맹구가 심각하게 대답했다.
"전, 절대 안 죽였는데요."

간단한 유머이지만 자신이 이토 히로부미를 모른다면 재미가 덜하다. 이토 히로부미가 누구인지 아는 사람이라면 선생님의 질문에 당연히 '안중근'이라고 생각하게 된다. 이런 생각을 하고 있을 때 맹구의 대답을 들으면 피식 웃음이 나오지만, 몰랐을 때는 머릿속으로 그게 누군지 생각하느라 웃을 여유조차 없을 것이다.

텔레토비와 정치인의 공통점 10가지
1. 돔형의 지붕 밑에서 산다.
2. 텔레비전에 자주 출연한다.
3. 늘 떼 지어 돌아다닌다.
4. 항상 똑같은 말만 되풀이한다.

5. 입으로 먹고 산다.

6. 남들이 뭐라 하든 상관하지 않는다.

7. 아무리 봐도 그 얼굴이 그 얼굴이다.

8. 색깔이 확실하게 구분되어 있다.

9. 자기들끼리 결정하고는 좋아한다.

10. 끝내기 싫어하며, 또 나온다.

이 유머가 처음 나왔을 때는 웃는 사람보다는 텔레토비가 뭐냐고 묻는 사람들이 더 많았다. 하지만 텔레토비를 알고 있는 사람은 대개 즉각적으로 웃음을 터뜨렸다.

다양한 사람들의 구미에 맞는 유머를 구사하기 위해서는 그만큼 다양한 소재가 필요하다. 세대 차이가 난다거나, 나와 상관없는 이야기라고 무시해서는 안 된다. 그렇다고 만물박사가 되라는 말은 아니다. 최소한 뉴스라도 매일 접해서 상식을 넓혀야 한다.

자신이 얼마나 아느냐에 따라 유머의 재미는 달라진다. 조금만 관심을 갖고 접하면 많은 정보를 얻음과 동시에 언제 어느 장소에서도 유머러스한 대화가 가능해진다.

고정관념을 뒤집으면
웃음이 보인다

사람들은 자신의 환경이나 경험의 잣대로 고정관념을 만든다. 그리고 그것들은 통념 내지 상식이 되어, 같은 환경 속의 사람들을 비슷한 생각 속에 가두게 된다.

한 번 고정관념에 사로잡히면 다양한 사고를 하지 못하고 한 가지 생각에만 얽매이게 되는데, 그러한 고정관념을 깨뜨리면 재치 있는 말이 떠오르게 된다.

어느 도시에 가죽 가게가 문을 열었다.

가게 주인은 가게 입구에 있는 기둥에 구멍을 뚫어 거기에 송아지 꼬리를 꿰고 꼬리가 흔들리도록 했다. 가죽 가게라는 특성을 살린 인테리어였다.

그런데 한 사나이가 날마다 그 가게 앞에 서서 가죽은 사지 않고 줄곧 가게만 쳐다보다 가는 것이다.

그것을 이상히 여긴 주인이 하루는 그 사나이에게 다가가 넌지시 물었다.

"가죽 제품을 보려고 그러십니까?"

"아닙니다."

주인은 조심스럽게 다시 물었다.

"그럼, 혹시 세관원이십니까?"

"아닙니다."

더 이상 참을 수 없었던 주인은 화를 내며 말했다.

"그럼, 도대체 뭘 하는 분이길래, 날마다 우리 가게 앞에서 서성거리는 겁니까?"

그러자 사나이는 말했다.

"도대체 저 작은 구멍에 어떻게 송아지를 집어넣으셨습니까? 도무지 알 수가 있어야 말이죠. 어떻게 하신 거죠?"

이야기를 듣고 있는 사람은 계속 머릿속으로 사나이의 직업이 무엇일까를 생각하게 된다. 이야기를 하는 사람의 의도대로 정답을 마음속으로나마 맞춰보고 싶은 것이다. 그러다가 별안간 '어떻게 송아지가 구멍 안에 들어가 있는가?'라는 뜻밖의 말에 허를 찔리고 만다.

고정관념을 이용해 웃음을 유발하려면 일단 듣는 사람을 더 깊은 고정관념에 빠뜨려야 한다.

가령, 사업에 실패한 사람에 대해 이야기를 한다고 하자.

"그 사람, 사업에 실패해서 백만장자가 되었대."

"백만장자? 그 정도면 아주 잘한 것 아냐?"

"잘하긴, 전에는 억만장자였는데."

'백만장자가 되었대.'라는 말은 분명 사업에 성공한 것으로 들린다. 여기까지만 들은 사람들은 당연히 '사업에 실패한 것이 아니라 성공한 것 아니냐?'라고 생각한다. 듣는 사람이 이렇게 생각하도록 의도적으로 노리고 있다가 예상했던 것과는 완전히 다른 말로 이야기를 마무리한다. '억만장자에서 백만장자가 됐다.'고 하면 상대방은 비로소 '아차' 하며 고개를 끄덕인다.

사무실에서 부하 직원을 질책할 때도 상대방의 고정관념을 이용하면 훨씬 부드럽게 분위기를 이끌어 갈 수 있다. 부하 직원이 작성해 온 서류가 마음에 들지 않는다면 다음과 같이 말해 보자.

"이 서류를 보니 자네는 정말 영특한 것 같아."

"감사합니다."

"머리 나쁜 나로선 도무지 이해를 못하겠어. 나를 위해 쉽게 써주지 않겠나?"

이렇게 하면 "자네, 서류가 이게 뭔가? 엉망이야. 다시 써 오게."라는 질책보다는 훨씬 부드럽게 자신의 의사를 전달할 수 있다.

고정관념을 깨는 것은 어려운 일이 아니다. 내가 갖고 있는 고정관념은 다른 사람들 역시 다 갖고 있으므로, 단지 그것을 뒤집어 생각하기만 하면 된다.

물론, 마지막 말을 하기 전에 상대방이 자기가 무슨 말을 할지를 짐작해 버리면 효과가 떨어진다. 따라서 이야기를 다른 쪽으로 유도해서 의도를 눈치 채지 못하도록 해야 한다. 듣는 사람을 더 깊은 고정관념에 빠지게 할수록 유머의 재미는 배가되는 것이다.

평소에 자신이 당연하다고 생각하고 있는 것들을 하나하나 바꿔서 생각해 보자. 그러면 그 속에서 재치 있는 말들을 충분히 발견할 수 있을 것이다.

미국의 영부인이었던 바바라 부시 여사가 어느 대학의 졸업식장에 내빈으로 초대되었다. 그녀는 졸업생들 앞에서 축하 메시지를 전달하며 이렇게 말했다.

"여기 앉아 계신 여러분 중에는 훗날 저처럼 대통령의 배우자가 되어 백악관으로 가게 될 사람도 있을 것입니다."

부시 여사는 잠시 졸업생들을 둘러보고는 곧이어 이렇게 말했다.

"그 남학생에게 행운을 빕니다."

그 순간, 졸업식장은 엄청난 폭소와 함께 박수갈채로 뒤덮였다.

보통 졸업식 축사는 교훈적인 얘기만을 늘어놓기 일쑤다. 학생들은 당연히 늘 지겹도록 들어오던 말이고, 다 아는 이야기이기 때문에 딴전을 피우게 마련이다. 하지만 고정관념의 틀을 벗어난 한마디의 유머로 인해 지루하기만 한 졸업식 축사의 분위기가 완전히 바뀌었고, 부시 여사에게 갈채가 쏟아졌다. 이 한마디의 유머가 나온 이후에는 학생들이 축사를 한층 더 관심 있게 듣게 된 것은 물론, 그날의 축사도 오래도록 기억하게 되었다고 한다.

재치 있는 말을 즐기고 싶다면 모든 사물을 바라보는 시각을 바꿔야 한다. 우리가 지극히 상식적이라고 생각하는 것도 조금만 뒤집어 생각하면 재치 있는 말로 바꿀 수 있다. 상대방의 예측을 무너뜨릴 수 있을 때, 상대는 자신의 사고의 한계를 느끼면서 통쾌하게 웃게 되는 것이다.

생동감 있는 말이
상대의 호기심을 자극한다

사람들의 호기심을 끌면서 이야기를 잘하는 사람들을 살펴보면, 재미없는 이야기도 재미있게 풀어낸다. 그들을 보면 마치 화술의 마법사 같다.

이야기를 잘하는 사람은 목소리와 동작에 변화를 주어 이야기를 더욱 생동감 있게 이끌어 나간다. 풍부한 제스처에는 사람들을 끌어들이는 힘이 있으며, 실감 나는 목소리는 현장감을 느끼게 한다. 같은 이야기라도 실감 나는 목소리와 제스처를 동반하면 더욱 재미있게 들린다.

반면에 재미있는 이야기도 무덤덤한 목소리와 뻣뻣한 자세로 하면 듣는 사람의 흥미는 반으로 떨어지고 만다.

옛날 어느 마을에 흉가가 있었는데, 귀신이 나온다는 소문 때문에 마을 사람들은 그 집 근처에 얼씬도 하지 않았다.

비바람이 불던 어느 날 밤, 나그네 두 사람이 그 흉가에서 하룻밤을 묵게 되었다. 마을 사람들은 만류를 했으나, 나그네들은 "이 세상에 귀신이 어디 있느냐?"고 호탕하게 웃으며 사람들의 말을 일축해 버렸다.

다음날 아침 일찍 마을 사람들은 나그네들이 걱정되어 흉가로 갔다. 그런데 이게 웬일인가? 나그네 중 한 사람이 죽어 있는 것이었다. 마을 사람들은 살아남은 나그네에게 물었다.

"아니, 이게 어찌된 일이오?"

"비는 내리제, 바람은 불제, 천장에서 메주가 떨어지니, 지가 안 죽고 배기능교?"

이 이야기의 핵심은 사투리다. 사투리를 제대로 구사해야 재미있다. 만약 사투리를 책 읽듯 말한다면, 재미있기는커녕 구시대 유머 취급을 받게 된다.

재미있는 이야기를 할 때는 적당한 연극적 발성과 적절한 동작이 어우러져야 웃음이 배가된다.

이렇게 대화를 좀 더 풍부하게 해주는 제스처는 유머뿐 아니라 일상적인 대화에서도 유용하게 쓸 수 있다. 상대방을 칭찬해 주고 싶을 때는 엄지손가락을 세우는 정도의 제스처만으로도 충분히 자신의 의사를 전달할 수 있고, 회의장이나 브리핑 시간에 쓸데없는 말을 하는 사람에게 조용히 두 손으로 X자 표시를 하면 '그 말은 아니야.'라는 의미가 전달된다.

이처럼 말없이 간단한 제스처로도 하고자 하는 말을 강조할 수 있고, 자신의 의도를 전할 수 있다.

이야기가 지루해지는 것을 원하지 않는다면, 목소리에 변화를 주고 상황에 맞는 적절한 제스처를 취해 보자. 그렇게 하면 듣는 사람들이 이야기의 상황을 좀 더 쉽게 이해할 수 있기 때문에 충분히 웃음을 유발할 수 있다.

재미있는 궤변의 논리를 찾아라!

이치에 어긋나는 논리를 펼치는 궤변은 알고 보면 앞 뒤가 맞지 않는 엉터리에 지나지 않는다. 하지만 그 말을 듣는 순간에는 그것이 궤변이라는 것을 눈치 채지 못한다. 곱씹어 보면 틀린 말인데, 최소한 듣는 순간에는 '그래 맞는 말이야.'라고 생각하게 되는 것이 바로 궤변의 묘미인 것이다.

일순간 긍정을 이끌어 내는 궤변은 동서고금을 막론하고 많은 사람들이 위기를 모면하거나 자신의 주장을 관철하는 데 사용되어 왔다. 그리고 그 궤변으로 하나의 이론이 정립되기도 했다.

듣는 사람이 궤변이라는 것을 알아차리게 되면 그것은 더 이상 궤변이 아니다. 듣는 사람으로 하여금 긍정적인 대답을 하게 하고 의문이 들지 않게 해야 한다.

한 정치가에게 기자가 질문했다.

"당신이 알고 있는 최악의 정치가는 누구입니까?"

"글쎄요. 최악의 정치가를 지적하는 것은 별로 어려운 일이 아니죠. 하지만 이 녀석이야말로 최악이다 싶으면, 그 순간 다른 녀석이 한술 더 뜨며 나타나더군요."

현재 활동하고 있는 정치가에게 최악의 정치가를 꼽으라는 것은 무척 대답하기 곤란한 질문이다. 정치라는 것이 오늘의 적이 내일의 친구가 되고, 오늘의 친구도 내일의 적이 될 수 있기 때문에 섣불리 대답을 했다간 나중에 자기가 내뱉은 말에 대한 책임을 톡톡히 치르게 될지도 모른다. 그렇다고 기자와의 인터뷰에서 대충 얼버무리다간 도둑이 제 발 저린 게 아닌가 하는 의구심을 불러일으키기 일쑤이다.

위의 정치가가 한 대답은 모든 정치가들이 다 최악이 될 수도 있고, 또 모두가 최악이 아니라는 뜻일 수도 있다. 정답을 말하지 않으면서도 질문한 상대가 반론을 제기하지 못하게 한 재치 있는 대답이다.

청문회 석상에서 한 국회의원이 증인석에 나온 다른 국회의원에게 물었다.

"당신은 ○○그룹의 회장으로부터 비자금을 받았지요?"

그러자 증인석에 앉은 국회의원이 반문했다.

"○○그룹의 회장님은 사람들로부터 존경을 받고 있는 분입니다. 맞지요?"

"그렇죠."

"정직하지 못한 사람은 사람들로부터 존경을 받을 수 없습니다. 그렇게 정직하신 분이 제게 비자금을 주었겠습니까?"

질문을 한 국회의원이 아무 말도 못하자 증인은 다시 한마디를 덧붙여 질문을 일축했다.

"비자금을 준 사람이 없는데, 제가 누구에게서 비자금을 받을 수 있겠습니까?"

그야말로 말이 안 되는 이야기지만 더 이상 반론의 여지를 남기지 않는다.

말을 잘하는 사람들은 가끔 궤변을 이용하여 상대방을 교묘하게 설득한다. 그리고 궤변을 이용해 변명을 변명이 아닌 듯 꾸미기도 하고, 난해한 질문을 궤변으로 슬쩍 피해 가기도 하는 것이다.

중요한 브리핑을 망친 김 과장에게 동료가 한마디 했다.

"자네, 이번 브리핑 죽 쑤었다며?"

"아, 그거, 사람들 소화 잘 되라고 일부로 죽을 쑤었지."

그렇지 않아도 속이 상해 있는 김 과장에게 동료의 말이 곱게 들릴 리 없다. 기분만 더 나빠질 뿐이다. 하지만 그것을 태연하게 받아친 김 과장은 최소한 그 동료에게만은 기가 죽지 않고 오히려 당당해질 수 있는 것이다.

한편, 궤변으로 실수를 모면하고, 불리한 상황을 일순간 유리한 상황으로 돌릴 수도 있다.

최 부장은 꾸벅꾸벅 졸고 있는 오 대리를 보고는 옆에 다가와 말했다.

"졸릴수록 정신 바짝 차려야지! 뭐 하는 건가?"

오 대리는 그 소리에 깜짝 놀라며 대답했다.

"정신을 바짝 차리기 위해 조는 겁니다."

최 부장은 기가 막히면서도 웃음을 터뜨리며 오 대리의 어깨를 툭 치고 지나갔다.

궤변을 말하기 위해 우선 필요한 것은 상대방의 말뜻을 제대로 파악하는 것이다. 그리고 그 뜻을 여러 각도에서 생각해 본다. 상대방의 말뜻을 전혀 다르게 해석하는 능력이 필요한 것이다.

다음의 말로 연습해 보자.

선배가 지나가다가 힘없이 앉아 있는 당신에게 다음과 같이 말한다.

"젊은 사람이 왜 이렇게 활력이 없어? 기운 좀 내."

이 말은 지쳐 보이는 당신에게 힘을 내라는 위로이자, 젊은 사람이 왜 그렇게 축 처져 있느냐는 핀잔의 말이기도 하다. 이것을 달리 생각해 보자.

선배의 말은 젊은 사람들은 활력이 있어야 한다는 뜻이다. 여기서부터 궤변의 사고가 시작된다.

젊은 사람은 활력이 넘친다. 그래서 이것저것 일을 많이 한다. 많은 일을 하다 보니 힘이 들고 결국 기운이 없어진다. 그렇다면 자신이 많은 일을 하고 있다는 것을 간접적으로 표현할 수 있다.

그렇다면 그 선배에게 이렇게 말해 본다.

"젊기 때문에 기운이 없는 겁니다. 젊기 때문에 하고 싶은 일도 많고, 할 일도 많아서요."

궤변은 상대방이 한 말의 핵심을 어디에 두느냐에 따라 대답이 달라질 수 있다.

이번에는 말뜻 자체를 반대로 적용해 보자.

'젊은 사람은 활력이 넘친다.'를 '늙은 사람은 활력이 없다.'는 것으로 해석하여 다음과 같이 대답할 수도 있다.

"선배님은 나이를 잊고 사시나 봅니다. 언제나 활력이 넘치셔서 저보다 더 젊게 사시는 것 같아요."

이 말을 들으면 상대는 순간적으로 기분이 좋아져, 당신이 기운 없이 앉아 있었다는 사실조차 잊어버리고는 그 자리를 뜨게 된다. 직접적으로 상대에게 대꾸하는 것보다 이렇게 궤변을 이용하면 상대의 기분이 좋아지도록 유도할 수 있다.

궤변은 엉뚱한 곳에서 나오지 않는다. 상대방이 한 말을 하나하나 짚어가면서 상황을 반대로 생각하면 된다. 그렇게 생각하다 보면 말에서 허점을 발견할 수 있고, 그것이 바로 궤변의 소재가 된다.

말은 글과 달리 육하원칙六何原則을 따지지 않기 때문에, 조금만 더 깊이 생각하면 궤변의 논리를 위한 단서를 쉽게 찾을 수 있다. 상대방의 말을 그대로 받아들이지 말고 그 의미를 따져본 뒤, 그것을 거꾸로 적용해 보면 더욱 쉬워진다.

즉, 상대방의 말에 빠져들지 말고 거리를 두고 생각해야 한다는 것이다. 상대방이 한 말에 집착하게 되면 다른 상황을 유추해 낼 수 없기 때문에, 섣불리 말하다가는 오히려 자기가 함정에 빠지기 쉽다.

궤변을 자연스럽게 이용하려면, 평소에 신문을 보면서 기사의 허점을 찾아 그 속의 말을 다른 논리로 바꿔보는 연습을 해보면 도움이 된다.

궤변은 진리의 가면을 쓴 억지다. 듣는 순간에는 긍정하지만 뒤돌아 생각해 보면 앞뒤가 맞지 않는 오류를 발견할 수 있다. 그러면 '그것, 참…….'이라는 탄식의 웃음이 나온다.

자신이 크게 잘못한 것이 아니라면 궤변으로 충분히 분위기를 즐겁게 바꿀 수 있다. 그러니 재미있는 궤변의 논리를 한 번 찾아보도록 하자. 그러면 당신의 화술은 더욱 인정받게 될 것이다.

풍자의 미학으로
응어리를 배설하라!

유머는 상처 입은 마음을 치유하는 효력을 지니고 있어서 정신 건강에 좋은 영향을 미친다. 분노나 불쾌한 사실을 유머로 표현하면 가슴이 후련할 뿐만 아니라, 생물학적으로도 두뇌의 화학작용이 촉진된다고 한다.

세상에는 모순된 일들이 많고, 사회 곳곳에는 비리와 어둠이 숨어 있다. 그럼에도 불구하고 사람들이 세상을 살아갈 수 있는 것은 유머가 지닌 치유 기능 때문이다.

풍자는 흔히 사회의 모순이나 권력자의 잘못된 언행 등을 빗대어 폭로하고 공격하는 것이다. 따라서 대부분 부패한 권력층을 겨냥해 사용되어 왔으며, 그것은 강자에 대한 약자들의 작은 반란이기도 하다.

한 자동차 회사에서 최신형 차를 개발했다. 자동차의 모든 기능이 운전자의 목소리만으로 작동되는 획기적인 차였다.

개발에 참가한 사람들은 성공을 자축하며, 한 운전자에게 시범 주행을 권했다. 운전자가 유유히 자동차에 올라타고는 "시동, 출발!" 하고 외쳤다. 그러자 자동차는 운전자의 목소리에 따라 시동을 걸고 출발하였다.

어느새 자동차는 시험장을 빠져나가 시내로 들어갔다. 기분이 좋아진 운전자는 음악이 듣고 싶어 "클래식!" 하고 말했다. 그러자 차이코프스키의 「호두까기 인형」이 흘러나왔다. "트로트!"라고 말하자 곧 주현미의 간드러진 목소리가 흘러나왔다.

자동차의 성능에 만족하며 기분 좋게 시험장으로 돌아가던 중 갑자기 다른 차가 끼어들자 운전자는 깜짝 놀라 "브레이크!" 하고 외쳤다.

다행히 충돌은 피했지만 운전자는 기분이 몹시 상해서 이렇게 외쳤다.

"야, 이 바보 같은 놈아!"

그러자 오디오에서 한 남자의 목소리가 들려왔다.

"여러분, 본인은 학실하게 갱제를 살리기 위해 최선을 다하겠습니다……."

마음속에 응어리진 부분을 다소나마 해소할 수 있는 것이 바로 풍자의 미학이다. 함께 웃으면서 공격의 대상에게 치명적인 화살을 던지고 반성을 촉구하는 것이다. 이런 풍자는 주로 권력층이나 사회적으로 비리를 저지른 사람을 향해 던지지만, 주위의 한 사람을 따끔하게 혼내고 싶을 때도 사용할 수 있다.

평소에 잘난 척하기를 잘하는 사람에게 누군가가 말했다.

"난 자네가 정말 대단한 존재라고 생각해."

그러자 잘난 척을 잘하는 사람은 한술 더 뜬다.

"그래, 자넨 나의 진가를 잘 알고 있군."

"그렇게 심한 병을 앓고 있으면서 말을 안 하다니, 대단한 의지의 소유자야."

"무슨 소리야, 내가 무슨 병이 있다고 그래?"

"자네처럼 심한 '황제병'은 내 여태 보질 못했어."

풍자는 한순간 사람들을 웃게 하면서 잘못을 지적하여 깨닫게 한다. 물론 사람들에게 마음의 상처를 주는 것이 풍자의 참뜻은 아니다. 위의 경우도 '황제병'이라고 불린 사람은 주변 사람들 앞에서 창피를 당해 기분 나쁠 것이다. 하지만 이렇게 상대방의 잘못을 한 번쯤 일깨워 주는 것도 그리 나쁘지는 않다. 사람의 인격을 무시하는 수단이 아닌, 잘못을 깨닫게 하는 의도로 풍자를 사용한다면 상대도 충분히 자신의 과오를 뉘우치게 된다.

상대방을 풍자하는 방법은 여러 가지가 있지만, 가장 흔한 방법은 풍자하고자 하는 대상을 무언가에 빗대어 말하는 것이다. 실제로 권력의 대상은 어리석은 사람으로, 변호사나 종교계 인사들은 거짓말쟁이로 빗대는 경우가 많다.

이렇게 빗대기 위해서는 먼저 풍자하고자 하는 면이 무엇인지를 정확히 파악해야 한다. 의미 없는 막연한 풍자는 사람들의 공감을 얻을 수 없다. 더구나 사람을 무시하는 것이라면 오히려 듣는 이들에게 강한 거부 반응을 일으킬 수 있다.

풍자는 막연하게 웃음만 전달하는 것이 아니라 교훈을 포함하고 있을 때 더욱 의미가 있다. 무조건 비난만 하는 것이 아니라 상대방을 좋은 방향으로 이끌 수 있는 것이 바로 풍자의 역할이다.

따분한 사람이 되지 않아야 한다

유대교의 성전인 탈무드에는 인간관계에 도움이 되는 많은 일화들이 소개되어 있는데, 그중 따분한 사람에 대해 설명한 부분을 한번 살펴보도록 하자.

고대의 랍비들은 따분한 사람에 대해 많은 이야기를 나누었다. 그들은 과연 어떤 결론을 얻었을까? 따분한 사람이란 교양, 학문 그리고 얼마나 박식한가 하는 것들과는 관계가 없다. 누구나 겪어보았듯이 학식이 풍부한 사람도 지독하게 따분할 수가 있는 것이다.

랍비들은 다음과 같은 결론을 내렸다.

"남을 따분하게 하는 사람은 남의 관심을 끌지 못하는 사람을 말한다. 그들은 남이 어떻게 생각하고 있는지를 모른다. 설령 알고 있더라도 남의 생각을 무시한다. 또한 남의 기분을 알아차리려고도 하지 않아 남들과 맞출 수가 없는 자가 가장 따분한 사람이다."

아인슈타인 같은 대학자라도 남의 기분을 살피지 않는다면 따분한 인간이 될 수 있다. 그가 물리학이라곤 하나도 모르는 농부를 만나서 상대성 원리에 대해 혼자서만 일방적으로 몇 시간 동안 얘기했다고 하자. 아마도 농부는 아인슈타인을 매우 따분한 사람이라고 생각할 것이다.

'따분한 사람이 방에서 나가면 누군가가 새로 들어온 것 같은 기분이 든다.'는 속담은 '좋은 손님은 들어서면서부터 즉시 집안을 밝게 하지만, 나쁜 손님은 나가면서부터 집안을 밝게 한다.'는 말과도 통한다. 분위기 파악을 못하는 썰렁한 사람들은 대부분 다음과 같은 공통점을 지니고 있다.

첫째, 상대방이 하는 말을 건성으로 듣는다.
둘째, 혼자서만 계속 말한다.
셋째, 상대가 말하고 있더라도, 자신의 생각을 거침없이 말한다.

허풍에는 더 큰
허풍으로 맞서라!

과장이나 허풍도 가장 쉽게 접할 수 있는 웃음의 요소다. 허풍으로 웃음을 유발하는 것은 예부터 많이 애용되어 왔는데, 상대방의 말이 거짓말이라는 것을 알면서도 유쾌하게 받아들이게 되는 것이 허풍의 독특한 매력이다.

흥선대원군이 집정을 하고 있을 때 청나라에서 사신이 왔다. 통사 김지영이 정중히 사신을 맞이하여 이곳저곳을 구경시키고 있었다.

경복궁에 이르자 사신이 물었다.

"대체, 이 건물을 짓는 데 몇 해나 걸렸소이까?"

"확실히는 모르겠으나, 한 3년은 걸렸을 것입니다."

김지영의 말에 청나라 사신은 헛기침을 하면서 말했다.

"어험! 저 정도라면 우리 청나라에서는 1년이면 충분하지."

창덕궁 앞에 이르자 또 사신이 물었다.

"이 궁궐 이름은 무엇입니까?"

"창덕궁이라 합니다."

"창덕궁을 짓는 데는 얼마나 걸렸습니까?"

"이것은 한 1년 걸렸을 것입니다."

"저것을 짓는 데 1년이나 걸렸다구요? 저 정도면 우리 청나라에서는 석 달이면 거뜬히 짓고도 남지요."

청나라 사신의 계속되는 허풍에 김지영은 은근히 화가 치밀었지만 아무 말도 할 수 없었다.

남대문에 이르렀을 때, 김지영은 일부러 고개를 갸우뚱하며 사신이 들을 수 있도록 큰 소리로 말했다.

"어, 이상하다! 이 문은 어제 아침까지만 해도 분명히 없었는데, 언제 세웠을까?"

청나라 사신에게 대놓고 면박을 줄 수도 없는 상황에서 김지영은 허풍을 허풍으로 받아쳤다. 사신은 김지영이 허풍을 편 것을 알면서도 반박할 여지도 없고, 조금 전 자신이 허풍을 편 사실이 민망스러워지기까지 한다.

고의적인 거짓말은 남을 해롭게 하지만, 드러내 놓고 하는

거짓말은 서로에게 친근감을 불어넣을 뿐 아니라 웃음을 자아
내기도 한다.

흔히 하는 말로 '쥐꼬리만 한 월급'이란 표현이 있다. 정말
로 월급이 쥐꼬리만 하다는 것이 아니라, 그만큼 적다는 의미이
다. 같은 내용이라도 '월급이 너무 적다.'라고 밋밋하게 말하는
것보다는 쥐꼬리에 빗대어 표현하면, 말하고자 하는 의도를 더
강하게 전달할 수 있다.

김 부장이 부하 직원에게 서류를 재촉하고 있었다.

"아직도 총무과에서 서류를 안 가져왔어? 빨리 가져오라고
했잖아."

부하 직원은 부리나케 총무과에 뛰어갔다 오며 이렇게 말한다.

"눈썹이 휘날리게 뛰어왔습니다. 한 번 확인해 보시지요."

이 말에 부장은 미소를 지으며 '왜 이렇게 늦었냐?'는 질책의 말조차 쏙 들어가고 만다.

허풍이 상대방을 속이는 데만 쓰이는 것은 아니다. 이용하기에 따라 얼마든지 상대방에게 자신의 뜻을 더 쉽고 또렷하게 이해시킬 수 있다.

허풍은 누구나 얼마든지 쉽게 구사할 수 있기 때문에 상황에 적절한 표현만 익히면 된다. 눈앞에 펼쳐진 상황을 아주 크게, 또는 아주 작게 만들기만 하면 되는 것이다.

절대 다른 사람에게 말하지 말라고 귀띔해 준 동료 덕에 정대리는 프로젝트 참가 명단을 알게 되었다. 하지만 그는 자신도 모르게 이 대리를 보고는 아는 체하고 말았다.

"자네, 이번 프로젝트에 합류하게 됐다면서?"

이 대리는 깜짝 놀라며 대답한다.

"어떻게 알았어? 아직 발표된 사항이 아닌데."

그 순간 정 대리는 난감한 상황에 빠지고 말았다. 알려준 동료의 이름을 말할 수는 없고, 그렇다고 '어, 그냥 알았어.'라고 말하면 아직 발표되지 않은 사항에 대한 보안 유지의 심각성까지 걸고넘어질 수 있기 때문이다.

이럴 때는 차라리 허풍을 떨어, 이미 알 만한 사람은 모두가 알고 있다고 생각하게 만드는 것이 오히려 유리하다.

"어떻게 알긴, 신문에 대문짝만 하게 났던데."

이미 소문이 그 정도로 퍼졌다고 말한다면 이 대리도 더 이상 추궁하지는 않을 것이다.

일상적인 대화에서도 무미건조하게 진실만을 말하는 것보다는 약간의 과장을 섞으면 이야기를 즐겁고 유머러스하게 할 수 있다.

적절한 허풍이나 과장은 단순한 말에 생동감을 불어넣는다. 자신의 뜻을 상대방에게 더욱 확실하게 전달하며 웃음까지도 줄 수 있는 것이다. 상투적인 말 대신에 어떤 상황을 아주 크게, 또는 아주 작게 표현해 보자. 훨씬 재미있고 생생하게 얘기할 수 있다.

재치있는 말 한마디가 인생을 바꾼다

초판 1쇄 발행 2000년 4월 15일
초판 48쇄 발행 2003년 9월 22일
개정1판 29쇄 발행 2005년 8월 18일
개정2판 17쇄 발행 2012년 12월 16일
개정3판 5쇄 발행 2017년 7월 5일
개정4판 1쇄 발행 2023년 2월 15일

지은이 이정환
펴낸이 김형성
펴낸곳 (주)시아컨텐츠그룹
책임편집 강경수
디자인 공간42

주소 서울시 마포구 월드컵북로5길 65 (서교동), 주원빌딩 2F
전화 02-3141-9671
팩스 02-3141-9673
이메일 siaabook9671@naver.com
등록번호 제406-251002014000093호
등록일 2014년 5월 7일

ISBN 979-11-88519-41-5 [03190]